店長・エリアマネージャーが

知っておきたい

売上がUPする

POS

point-of-sale data

データの使い方

石井真人 データサイエンティスト

はじめに

　この度は、数多くあるデータ分析をテーマにしたビジネス書の中から本書をお選びいただき、誠にありがとうございます。

　本書を執筆しようと考えた理由は、「スーパーマーケットなどの小売店で働く人が、お店のデータをもっと積極的に活用すれば、効率的な売上アップや利益アップを目指せることは間違いない。しかし、多くの人はデータ分析のやり方がわからない。さらに時間も足りない」という状況があるにも関わらず、小売店を対象とした、実践的なデータ分析のやり方を説明した書籍が極めて少ないと感じたからです。

分析した結果をすぐに実践することができる

　筆者は、お店で働く人にとって大切なことは「分析した結果、何を得られるのか？　それは、実践で有効な情報なのか？」だと考えています。そして、単なるデータ分析手法の紹介に止まらず、分析結果を読み解く考え方がわかるように、そして、本書のサンプル事例を参考にすれば、「すぐに実践してもらえる」ように心掛けて執筆させていただきました。

　このような考え方で執筆しておりますので、一般的なデータ分析関連の書籍で頻繁に登場するような「統計学の知識」「高度なエクセル関数」「専門的なシステムを使った手法」に関する説明はせず、現在の小売店で有効性が高いと判断できる分析手法に限定した内容になっております。

データを分析すれば売上と利益をアップさせられる

　もう1点、執筆する時に心掛けた点があります。それは、「分析結果

が出る作業プロセスまで、できるかぎり丁寧に説明をする」ことです。筆者自身、初めて使うデータ分析手法について考え方を学習し、やり方を理解したつもりになっても、実際にデータ分析の作業をしてみると"ちょっとした作業上のわからない点"のために分析結果が得られない経験を何度もしています。

　この"ちょっとした作業上のわからない点"でつまずいてしまい、データ分析を途中で諦めてしまう人は意外と多いのではないかと感じていたため、本書では分析作業の準備段階から分析作業の完了までの手順を整理し、エクセルの画面サンプルに作業上のポイントを記載しています。

　多忙な人にとって、データ分析は手間のかかる作業ですが、お店のデータを活用すれば、売上アップや利益アップにつながるヒントを得られます。それは客観的な事実に基づいたヒントであり、今まで考えもしなかった新たな発見を得られる可能性があります。過去の経験に基づく直感だけに頼らない"最善なる次の一手"を導き出すために、「分析手法の理屈よりも、データ分析のやり方と読み方を重視した」本書をご活用いただければ、これ以上に嬉しいことはありません。

目次

第1章 お店のデータが役立つのはどんな時?

お店のデータを分析する8つのメリット ... 14

お店のデータ分析は日々の業務を助けてくれる ... 18

COLUMN 「まず、やってみる!」が重要 ... 20

第2章 データを分析する際に最低限知っておきたいこと

お店のデータにはどんな種類があるのか? ... 22

お店のデータを活用するメリット・デメリット ... 24

手順に沿って行うのがデータ分析のキモ ... 26

データを整理しておくとスイスイ分析できる ... 30

COLUMN データ分析にはお店の観察が欠かせない ... 32

CONTENTS

第3章 分析力が格段にアップする事前のデータ整備

分析する前にデータ内容をチェックしよう ……………………… 34

個々の商品を大きな括りで分類しよう ……………………… 38

商品をグルーピングしてみよう ……………………… 42

エクセル操作ガイド（データ整備）……………………… 44

COLUMN データ分析が趣味にならないように… ……………………… 48

第4章 簡単に計算できるデータ分析

お店の売上と利益を集計してみよう ……… 50

売れた数を調べて色々な施策に役立てよう ……… 52

お客様が使ったお金と買った数を調べよう ……… 54

売上に占める各商品分類の割合を調べよう ……… 56

お店の業績は時系列で把握しよう ……… 58

季節が売上に与える影響を調べよう ……… 60

前年の業績と今年の業績を比較しよう ……… 64

エクセル操作ガイド（データ分析の初歩）……… 66

COLUMN 分析結果は結論から伝える ……… 74

第5章 売上アップにつながるデータ分析

主力商品を把握して売上と集客を伸ばそう ……… 76

利益を生む商品を把握して重点的に販促しよう ……… 82

商品の売上と利益を成長させよう ……… 86

売れて儲かる最適な価格を決めよう ……… 90

商品ごとに異なる「売れる時期」と「売れない時期」……… 94

エクセル操作ガイド（ABC分析など）……… 98

COLUMN　他のお店と比較してみる ……… 106

第6章 ワンランク上のデータ分析

売れ筋と一緒に購入されている商品を見つけよう ……… 108

視点を変えて売上アップのヒントをつかもう ……… 116

エクセル操作ガイド（バスケット分析）……… 118

COLUMN　売場スペース生産性分析で効率的な利益アップ ……… 134

第7章 顧客の購買行動を分析しよう

顧客の購買パターンから売り場づくりを考える ……… 136

顧客を分析する方法はたくさんある ……… 140

曜日と時間帯で顧客を絞り込もう ……… 142

購入金額・購入点数で顧客を絞り込む ……… 148

商品分類単位で顧客を絞り込む分析 ……… 154

購買パターン分析① 購入個数別の客数を調べよう ……… 160

購買パターン分析② 顧客が求めている商品特徴を知る ……… 164

エクセル操作ガイド（曜日・時間帯分析など） ……… 170

COLUMN 特売チラシの効果検証をしてみる ……… 198

第8章 仮説の検証をしよう

仮説と検証の方法をマスターしよう ……………………………… 200

顧客が増えた場合の試算をしてみよう …………………………… 202

検証のやり方と対策 …………………………………………………… 204

エクセル操作ガイド（売上シミュレーションなど）……………… 208

COLUMN アクセスを併用できると便利 …………………………… 212

索引 ……………………………………………………………………… 217

お問い合わせ …………………………………………………………… 219

本書の構成

　本書は、スーパーマーケットなど小売店が、お店のデータとエクセルを活用して、売上アップにつながるヒントを得るための実践的な分析手法を紹介しています。

データ分析の方法をわかりやすく解説

　売上や利益の集計、客単価、平均購入点数、売上構成比、季節指数、成長率など基本的な数値情報の求め方から、ABC分析、クロスABC分析、トレンド分析といった定番の分析手法まで、エクセルを使ったやり方をわかりやすく説明しています。

　さらに、ワンランク上の分析スキルといえるバスケット分析、顧客分析、グルーピング活用まで網羅しています。

最初から丁寧に読めば着実にレベルアップできる

　第1章から第8章までの大きな流れは、以下の通りです。

　最初にお店のデータに関する基礎知識、次にデータ活用に必要な準備事項、そして初歩的なレベルの分析手法を紹介します。そして、徐々にステップアップしながら、データ分析の手法を説明していきます。

　第3章以降については、各章の後半に"エクセル操作ガイドのページ"を加え、サンプル画面、使うエクセル関数、操作のポイントなどを掲載しています。

　また、各章の説明文では「分析結果の何を見て、何を考えるか？」のヒントとなるサンプル事例を豊富に盛り込みましたので、実際にデータ

分析をする際の参考資料にしていただけます。

どのバージョンのエクセルでも操作できる

　このように、今までデータ分析をしたことがない初心者の方でも、順を追って読んでいただくことで、一通りの知識と実践的なデータ分析手法を習得していただけるように配慮した構成になっています。

　なお、各サンプル画面はエクセル2016に準拠していますが、同じ機能は別のバージョンにもあります。本書の"エクセル操作ガイドのページ"を参考にして、工夫しながら活用してみてください。

本書に掲載されているエクセル操作ガイドのページ

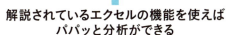
解説されているエクセルの機能を使えば
パパッと分析ができる

第 **1** 章

お店のデータが
役立つのは
どんな時？

お店のデータを分析する8つのメリット

KEYWORD 分析作業の目的を知る

小売店だけでなくいろいろなお店で役立つ

　本書では、お店のデータを活用して売上アップを目指すノウハウを紹介していきますが、最初に題材とする"お店"について説明しておきます。

　お店には、スーパーマーケットやデパート、コンビニエンスストア、本屋、アパレルショップなど食品や日用品を販売する小売店、和食料理店やレストランなどの飲食店、レンタルショップやパソコン修理店などサービスを提供するお店など、実に多くの種類があります。しかし、全てのお店を対象にした説明は複雑でわかりづらくなるため、この中からスーパーマーケットなどの小売店を題材にして説明していきます。

　もちろん、小売店以外のお店にもデータはあり、活用すれば売上アップにつながるヒントを得られますので、自分のビジネスに置き換えて参考にしてみてください。

スーパーの事例がわかれば他の業態にも応用がきく

お店のデータで何がわかるのか？

　お店のデータを把握するためには、いくつかの分析手法を覚えなければなりません。分析手法を覚えるというと、難しくて大変そうな感じがして腰が引けてしまいそうです。

　しかし、最初にお店のデータでわかることを知っておくと、分析作業のゴールが明確になるため、安心感が生まれます。さらに、説明の内容も理解しやすくなりますので「何がわかるのか？」を、まずはしっかり頭に入れておきましょう。

お店のデータを把握する8つのメリット

③利益を生み出している商品がわかる（第4章で紹介）

儲けを生み出す商品がわかる。

ABC利益分析で把握！

④商品の最適な販売価格がわかる（第4章で紹介）

? 100円 150円 200円

売れて、儲かる販売価格がわかる。

販売価格分析で把握！

⑤商品の売れる時期がわかる（第5章で紹介）

商品の売れる時期を見逃さない。

トレンド分析で把握！

⑥ 一緒に売れている商品の組み合わせがわかる（第6章で紹介）

⑦ 客数の多い曜日・時間帯がわかる（第7章で紹介）

⑧ ターゲット顧客の購買パターンがわかる（第7章で紹介）

お店のデータ分析は日々の業務を助けてくれる

KEYWORD
売上・利益の向上

データ分析が役立つタイミング

　お店のデータで把握できることがわかると、そのデータがどんな時に役立つのかを考えやすくなります。データ分析を行う主なタイミングは19ページの図表のようになります。

　もちろん、これ以外にもデータ分析が役立つタイミングはたくさんあります。基本的な考え方は、「売上・利益アップのためにお店のデータを活用していく」ということです。

データ分析はエクセルで簡単にできる

　お店のデータ分析というと、大規模なシステムや難しいソフトが必要だと思われがちですが、実はエクセルの機能だけで多くの分析手法に対応できます。多少の手間はかかりますが簡単なエクセルの操作だけでデータ処理ができるため、"やり方"さえ知っておけば誰でも本格的なデータ分析ができます。

　お店のデータ分析を行う際は、タイミングを考えるだけでなく、日次・週次・月次で成果の進捗を把握することも重要です。お店が導入しているシステムだけで必要な全てのデータをチェックできれば問題ありませんが、多くの場合は閲覧できる情報・形式が決まっており、自分で加工したくてもできないケースもあります。

　一方、エクセルを使ったデータ分析を覚えると、チェックしたいデータを自分でつくれるようになります。そして、お店のデータを把握したいタイミングで、スムーズに分析作業に着手できるというメリットがあります。

データ分析を通してエクセルの操作も習得できる

　本書では、各章の前半で分析手法を説明し、後半でその分析手法が実践できるエクセルの操作を説明しています。分析手法について理解した後、お店のデータとエクセルを使って分析にチャレンジしてみてください。実際にデータ分析をしてみることで、エクセルの操作が習得でき、さらに分析手法の理解が深まります。

主なデータ分析のタイミング

売場づくりをする時	販売計画をつくる時
チラシなどの販促をする時	新たな顧客層を獲得したい時
仕入交渉をする時	発注数量を決定する時
在庫調整をしたい時	業績が悪化した時

「まず、やってみる！」が重要

COLUMN

　データ分析作業には、論理的思考が大切であったり、計算力が必要であったりと、知的なスキルが求められる印象を抱くかもしれません。しかし、何よりも大切なことは「まず、やってみる！」の精神で実践することです。

　知的なスキルが必要だからといって、書籍などで統計理論や分析手法を勉強するだけでは意味がありません。実践しないことには、本当の意味で習得できたことにはならないからです。

最初のうちは時間がかかってもOK

　実際にデータの分析作業に取り掛かると、慣れないうちは自分が予想しているよりも時間を要すると思います。

　時間がかかる要因として一番多いのは、データ整備に手間がかかる点です。途中までデータ分析を進めたのに、データ不備が原因で、最初からやり直さなければならないケースはよくあります。

　分析に使うデータを確認した時に、問題なく処理できるデータ形式になっていると判断できるためには、ある程度データ分析を経験している必要があります。

　分析で使うデータ項目が揃っていること、また、適切なデータ形式になっていることを作業前にチェックできるようになる必要があるわけですが、データ分析を一度もやったことがない人には絶対にできません。

　データ分析手法を覚えるのではなく、データ分析を実践できることが重要だという意識で取り組んでみてください。

第 2 章

データを
分析する際に
最低限
知って
おきたいこと

お店のデータには どんな種類があるのか？

KEYWORD
POSと
レシート

お店の売上以外にもたくさんのデータがある

データとは、コンピューターで処理しやすいデジタルデータのことを指すのが一般的です。そのため、レジ処理した売上データを思い浮かべる人が多いと思いますが、実はデータはそれだけではありません。例えば、店舗スタッフが働いた時間帯がわかるタイムカードやシフト表、商品の仕入数量がわかる納品書など、お店で業務処理された記録は重要なお店のデータの元だといえます。

お店によっては、紙で管理されていることも多いですが、エクセルに入力さえすれば立派なデジタルデータとなり、いろいろなデータ分析に使うことができます。

本書では、主に売上に関するデータ分析を解説しますので、「POSデータ」「レシートデータ」について最初に紹介します。

POSデータの基礎を確認しよう

代表的なお店のデータといえば、間違いなくPOSデータです。POSとは「Point Of Sales」の略称であり、日本語で"販売時点"といいます。"いつ、どのお店で、どの商品が、何個、何円で売れた"というレジ処理の記録について、商品別に集計したものが基本です。

POSデータは、集計する期間によって、日次POSデータ、週次POSデータ、月次POSデータと呼ばれます。それぞれ、1日単位、1週間単位、1カ月単位で集計しており、目的に応じて使い分けることになります。

このPOSデータの特徴は、よく売れる商品とあまり売れない商品が

はっきりわかるなど、商品の視点から売上を把握できることです。このPOSデータの基本的な内容は、JANコード（日本における商品の共通コード）、商品名、数量、売上、平均売価です。

POSデータのイメージ

JANコード	品名	数量	売上	平均売価
1234567890001	唐揚・ポテトセット	914	175,613	192
1234567890002	照り焼きチキン	758	119,764	158
1234567890003	タバコA	262	111,612	426
1234567890004	タバコB	247	105,222	426

商品別に数量・金額が集計されている。

レシートデータの基礎を確認しよう

　レシートデータとは、お客様が買った商品、日時、使用したレジ番号などを記録したものです。お客様が買い物した内容が1人ずつわかるため、一緒に購入されやすい商品の組み合わせを調べることができます。また、レシートに記録されている日時の情報から、1週間でたくさん売れる曜日や、1日で売上が小さくなる時間帯などを調べることができます。

　このようにレシートデータの特徴は、"お客様"がどのように商品を買うのか、その購買パターンを把握できることです。レシートデータの基本的な内容は、レジ処理した日時、レジ番号、レシート番号、JANコード、品名、数量、金額です（下記サンプルは、レシートデータをエクセルにまとめた状態のイメージです）。

レシートデータをエクセルにまとめたイメージ

日付	時	分	レジ番号	レシート番号	JANコード	品名	数量	売上
2015-11-01	0	19	1	12341111	1234567890001	チャーシュー炒飯	1	276
2015-11-01	0	19	1	12341111	1234567890002	カップうどん	1	171
2015-11-01	0	19	1	12341111	1234567890003	発泡酒A	4	540
2015-11-01	0	19	1	12341111	1234567890004	グレープフルーツチューハイ350ml	1	113

レシート番号で買い物データを記録。

お店のデータを活用する
メリット・デメリット

KEYWORD
客観的な
根拠付け

販売戦略の立案や業績結果の分析に役立つ

　お店のデータを活用できると、大きなメリットがあります。

　それは、人の記憶や憶測に頼らず、事実に基づいて、次の一手を考えられることです。人の記憶や憶測は、常に正しいとはいい切れませんが、過去の実績が記録されたデータは"過去の事実"です。そのため、客観的な根拠を持って仕事に取り組むことができるのです。

　自分の経験に基づく勘だけに頼って、データの活用を重視しない人もいるかもしれません。こういうタイプの人がひらめいた勘は、結果的に正解である場合もありますが、同じ経験をしていない第三者には"その勘"が正しいのか、間違っているのかが判断できないでしょう。

　そこで役立つのがデータという事実に基づいた客観的な根拠付けであり、その根拠があれば第三者も判断しやすくなるのです。

　具体的にお店の売場変更の視点からデータ活用を考えると、

1. お店の業績結果について、数値で評価できる
2. 業績の変化について、その原因を明確にできる
3. 商品の品揃えや価格など、売り方を変える理由を説明できる
4. 売上・利益が伸びる可能性について根拠がつくれる
5. 売場変更が成功したことを証明できる

といった、5つのメリットが挙げられます。これら5つは、1人の勘だけで説明されても困りますが、データによる説明があれば成功する可能性を判断し、成功したことを評価できるようになります。

このようにデータを活用することは、自分がやろうとしていること、自分がやったことを判断・評価してもらえる形にできるメリットがあるのです。

データを活用するにはそれなりの手間がかかる

お店のデータを活用できれば大きなメリットがありますが、良いことばかりではありません。

> 1．データ分析手法を知っておく必要がある
> 2．データ分析は時間がかかる
> 3．分析結果から、ヒントを読み取る経験・技術がいる

といった3つのデメリットがあり、データの活用が有効だと知りながらも、これらの理由で取り組んでいない人が多いと思います。

特に、お店で働いている人たちは、日々のルーチン業務がたくさんあるため、2つ目の「データ分析は時間がかかる」が大きな障壁になります。また、分析結果から何らかの傾向をつかみ、ヒントを得ること自体にも経験や技術が必要とされます。

このデータを読み取る経験や技術は、他人から教えてもらえる機会が少なく、自分自身で何度もデータ分析をすることで経験値を高めなければならない一面もあります。

本書では、これらのデメリットを軽減する方法を紹介するとともに、お店の売上アップに貢献するための「データ分析手法」「データ分析のやり方」「データの読み方」について解説していきます。

COLUMN

客観的なデータは店舗スタッフとも共有しよう

日々、売場をメンテナンスしている店舗スタッフが、売場変更の理由や狙いを把握していないと、数日後に元の売場に戻ってしまうことがあります。売場変更する際には店舗スタッフと客観的な根拠を共有し、売場の狙いを理解してもらうことが大切です。

手順に沿って行うのが データ分析のキモ

KEYWORD: 目的の明確化と検証

手順通りに行わないとムダに時間がかかる

いざ、データ分析をやろうと思っても、手順に沿って作業を進めないと膨大にムダな時間が発生してしまいます。最初に目的を明確にして、どのようなデータ分析をすれば良いかを考えておくことが重要です。目的が明確でなければ、あまり役に立たないデータ分析作業をしてしまう可能性もあります。

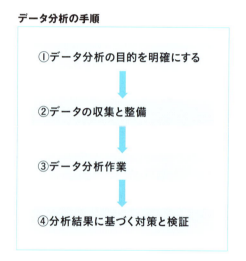

データ分析の手順

① データ分析の目的を明確にする
↓
② データの収集と整備
↓
③ データ分析作業
↓
④ 分析結果に基づく対策と検証

データ分析の目的はどうやって明確にする?

「データ分析の目的を明確にする」と言葉にすれば簡単ですが、意外に難しいものです。例えば、"売上アップにつながるヒントを見つけて売場を変える"という目的を考えた場合には、目的の範囲が広すぎます。飲料部門でヒントを見つけるのか、お酒部門でヒントを見つけるのか、選択肢が多すぎるのです。また、ヒントというキーワードも抽象的なため、結局どのような結論が出てくれば売上アップにつながるのかがわかりません。そのため、「目的はできるだけ絞り込んで選択肢を少なくする」ことが大切になってきます。

いくつかデータ分析の目的の事例を挙げると、

> 1．お酒部門の売れ筋商品を把握して、大量陳列の売場をつくる
> 2．ビールの販売数量が最も大きくなる販売価格を調べて、チラシ特売をする
> 3．お酒と同時に購入されやすい商品を調べて、一緒に並べる

という感じです。

考え方のポイントとしては、データ分析をした後、「何をしたいのか？」を具体的にしていくことです。やりたいことが具体的になれば、知りたいことが明確になります。この知りたいことが、データ分析の目的となります。

必要なデータってどんなもの？

目的を明確にした後、作業に必要なデータを集めます。データ分析をやり始めた人は、最初のうちは必要なデータがパッと思い浮かばないことが多いかもしれません。しかし、経験を積めば、目的を決めた時点で必要なデータがわかるようになるので、それほど心配することはありません。

必要なデータを収集する時のポイントは、「使うデータは何か？」を最初に考えることです。例えば、商品別の売上を調べたい時はＰＯＳデ

過去のデータと比較して分析しよう

3カ月前
ビール
販売数量30個
販売価格200円

2カ月前
ビール
販売数量100個
販売価格180円

1カ月前
ビール
販売数量50個
販売価格190円

販売数量と販売価格の関係は時系列でデータを把握するとよくわかる。

ータ、お客様の購買パターンを知りたい時はレシートデータを選択します。次に、「どの期間でデータ分析を行うのか？」を決めます。例えば、「ビールの販売数量が最も大きくなる販売価格を調べて、チラシ特売をする」という目的の場合、過去にさかのぼって販売価格と販売数量の関係性を調べるために、数カ月分のＰＯＳデータを準備することになります。

データ分析の下準備は慎重にしよう

　必要なデータが収集できたら、すぐにデータ分析に取り組めると考える人が多いですが、実はそうではありません。データ分析に取り組む前に、収集したデータが目的に応じた分析をできる形になっていることをよく確認し、必要に応じて加工作業をするという下準備をしなければなりません。よくある加工作業としては、「ＰＯＳデータに原価情報が入っていないので、追加入力をする」や「商品をグルーピングする」ことなどがあります（データ整備・商品のグルーピングについては第３章で詳しく解説）。

　このデータ整備を手作業で行う場合は、データの入力ミスに注意しながら慎重に作業を行いましょう。入力ミスがあると、正しい結果が得られなくなってしまいます。

準備が整えばデータ分析作業は意外に簡単

　データ分析の作業自体は、目的に応じたデータの収集と整備が万全であれば意外と簡単に終わります。準備したデータを、エクセルの基本機能で集計・グラフ化できるため、すぐに結果が得られるのです。データ分析が大変な作業だと思っている人が多いですが、本当に大変な作業はデータ整備の下準備に集中しているのです。

分析後は対策の実施と検証が大切

　データ分析で良いヒントが得られたら、売場の変更や、販促に活かし

ていくことになります。

　ここでデータ分析を終えてしまうケースが多いのですが、きっちりと検証することが大切です。データ分析に基づいた対策が成功したのか、それとも失敗したのかを把握し、さらに次の一手を考えていくのです。

　このようにデータ分析に基づく対策と検証のサイクルを続けることで、お店がどんどん良くなっていくのです。たった1回のデータ分析だけで100％正しい対策を導き出すことは難しいので、検証を行うことで次の改善点を見つけていきましょう。

サイクルをどんどんまわしていこう

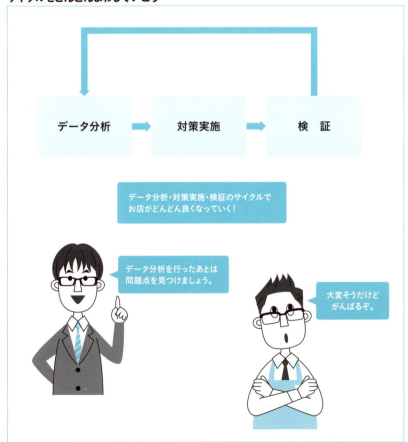

データを整理しておくと スイスイ分析できる

KEYWORD
日々の
データ管理

ちょっとしたひと手間が作業効率を上げる

　データ分析の仕事をやりだすと、パソコンの中が多種多様なデータであふれるようになります。

　各種マスタデータ、分析作業する前の未加工の元データ、分析し終わったデータだけでなく、分析途中で放置したままのデータも出てきます。これら各種データを整理整頓せず、パソコン内のいろいろなフォルダに格納していると、"今、必要なデータがどこにあるのか、わからない"といった事態が頻繁に起こります。

　データの保管場所がわからないだけでなく、ファイル名称を適当につけている場合は、1つずつファイルを開けて中身をチェックしなければなりません。データ分析で扱うデータは情報量が多いため、ファイルが開くまでの"時間"もかかり、データ探しの邪魔をしてきます。これでは、イライラしてストレスが溜まってしまい、データ分析の仕事が嫌になってしまいます。

　そのため、日々の作業の中で、ちょっとしたひと手間をかけてデータを整理整頓し、パッとデータ分析に取り掛かれる環境をつくっておくことがとても重要です。

データを整理していないと…

データの整理整頓は難しくない

　データの整理整頓は、特別難しいことは何もありません。要は、自分自身がデータをすぐに取り出せたら良いのです。ここで紹介するポイントは一例ですので参考程度に目を通し、自分なりの管理方法にアレンジしてください。

データとフォルダ管理の一例

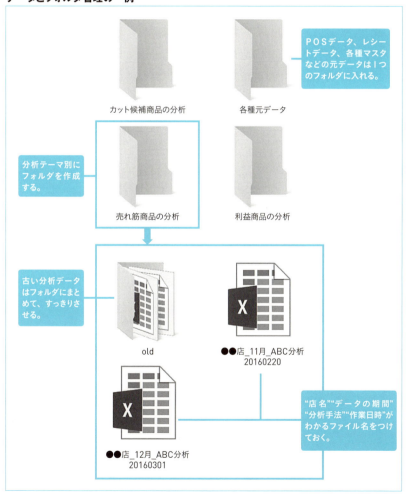

データ分析にはお店の観察が欠かせない

COLUMN

　データ分析で得られる結果は、基本的には数値情報の羅列です。この結果を、"意味のある情報"として理解するためにはお店の観察が欠かせません。

　データ分析をしていると、売場の目立たないところでポツンと陳列している調味料が意外にたくさん売れていて驚く…といった経験をすることがあります。

　しかし、この調味料が100個売れていた場合、その100個が意外に多いと感じる理由は、売場の目立たないところに陳列しているという"お店の観察"があるからです。100個売れたという数値結果だけでは、なかなか驚きには至らないでしょう。

　つまり、お店の観察がなければ、分析結果の意味を十分に理解できない可能性が高いということです。

　お店の観察をする際、売場だけなく、お客様や店内の雰囲気、店外の環境など、色々な見るべきポイントがあります。日々お店で働いている店長などは、自然とこれらの観察できているため、データ分析を習得すると素晴らしい情報をたくさん得られる可能性があります。

　また、分析結果をお店のスタッフがチェックできるようにすることで、数値結果だけではわからない情報が得られるチャンスを得られます。そのため、お店のスタッフミーティングなどで、分析結果について話し合いをする機会をつくるのは、お店のデータ活用の良い手段かもしれません。

第3章

分析力が格段にアップする事前のデータ整備

分析する前にデータ内容をチェックしよう

KEYWORD 集計できるデータ形式

データ整備はデータ分析の要

　データ整備については、第2章で簡単に説明しましたが、第3章では詳しく説明します。データ整備が万全であればデータ分析は簡単に行えますが、逆にデータに不備があるとデータ分析は困難になり、正しい結果を得られない可能性が高くなります。ここでは、データを収集したら確認しておくべきポイントと対処について説明します。

販売数量と売上金額を数値データにする方法

　POSデータやレシートデータは、何らかの要因で販売数量や売上金額がテキストデータ（「あいうえお」などの数値ではない文字のデータ）になっていることがあります。まずは、この数値情報が数値データになっていることを確認しておきましょう。もし、数値データになっていないと正しく分析できなくなります。

テキストデータと数値データ

どちらも「12345」の数値データにみえるが、右側はテキストデータ。

JANコードを数値データにする方法

　JANコードのほとんどは13桁です。エクセルでは12桁を超える数値は指数表示「(4.7123E+12)のような表示」になることがあり、読み取れなくなります。JANコードの頭7桁はメーカーコードのため、

エクセルで昇順・降順の処理をすると、メーカー括りで並べ替えることができて便利なため、数値データに変換しておきましょう。

13桁を超える数値はこう表示される

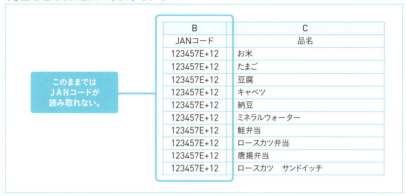

このままではJANコードが読み取れない。

品名の未登録をゼロにしておこう

　商品をＰＯＳレジで売上処理できるようにするために、会社の商品部が事前に商品マスタ（ＪＡＮコードに品名、売価、原価、商品分類等を登録したデータ）の登録をするのが一般的です。何らかの事情で品名等が未登録になっているケースがあると、ＰＯＳデータの品名が未入力状態のままだったりします。これではデータ分析をした時、商品が特定できなくなるため、ＪＡＮコードで品名を調べて入力しておきましょう（商品マスタの整備も同時にやっておけば、次回から品名等が正しく表示されるようになります）。

品名が入力されているか確認しよう

B	C	D
JANコード	品名	売上
1234567890001	お米	505,613
1234567890002		209,764
1234567890003	豆腐	61,612
1234567890004	キャベツ	55,222

品名がないとデータ分析結果を理解できなくなる。

項目の入力ルールを統一しておこう

　商品マスタの入力ルールが統一されていないと、同じことを意味していても、エクセルが違うデータだと認識することがあります。例えば、「３５０ｍｌ」「350ML」「３５０」というデータは、ビールの容量の入力事例ですが、記述方法が異なるため、エクセルは別のデータだと認識します。このままでは、容量別に販売数量や売上金額を集計したくても正しい結果を簡単に得られません。商品マスタの入力ルールを統一することが一番の対策ですが、緊急対応としてデータ分析が必要な時は、エクセルのコピー＆ペーストで記述方法を統一すれば、すぐにデータ分析に取り掛かれます。

商品マスタの入力ルールを統一しよう

必要な項目は追加入力しよう

　ＰＯＳデータ・レシートデータの一般的な項目は、日時、ＪＡＮコード、品名、販売数量、売上金額の５つです。この５つ以外には、利益、原価、容量、規格、商品分類など、お店や企業によって異なる項目が入っています。もし、ＰＯＳデータやレシートデータに分析で使いたい項目が入っていない場合は、新たに項目を追加入力しておきましょう。

分析に必要な項目がない時は？

必要な項目がない時は、追加入力しなければいけない。

個々の商品を大きな括りで分類しよう

KEYWORD　商品分類

「キャベツは野菜」「サンマは鮮魚」

　「商品分類」という考え方は、多くのお店で活用されているため、本書を手にしてくれた方であれば、一度は聞いたことがあるでしょう。わかりやすくいえば、Ａという商品は「菓子」、Ｂという商品は「飲料」、Ｃという商品は「野菜」……と、商品を１つずつ大きな括りで分類していくことです。

商品分類のイメージ

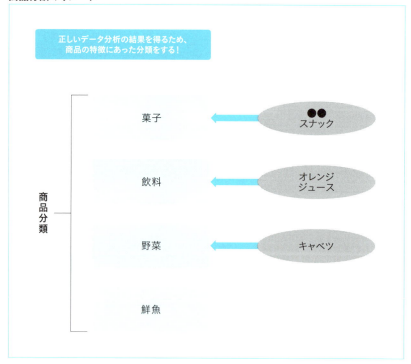

商品分類で売上の大きい部門と小さい部門がわかる

　商品分類の単位でお店のデータを把握すると、商品1つずつのデータを見ていただけではできなかった、大きな視点で分析することが可能になります。

　例えば、お店で扱っている商品分類が、弁当、加工食品、飲料、菓子であり、それぞれの売上金額を集計すると100万円、20万円、50万円、30万円だったとします。この結果から、お店が最も強い部門は弁当であり、最も弱い部門は加工食品だとわかります。

　もし、お店の売上をもっと伸ばそうとするのであれば、強い部門を強化し、弱点を克服する必要があります。後者の場合、新しい顧客層をつかむために、加工食品部門の改善策を具体的に考えていくことなどが挙げられます。

　このように、商品分類でデータを把握することで、お店が目指すべき新しい方向性が見えてくるのです。最初に商品分類の大きな括りで分析を行い、強化する部門や改善する部門を決定してから、商品1つずつのデータ分析を行う、という流れで進めていくと合理的かつ効率的です。

お店の強い部門と弱い部門がわかる！

商品分類は大きい分類から小さい分類へ見ていく

　商品分類は、2階層、3階層……というように、分類を徐々に細分化しながら構成されていることが一般的です。

　「弁当」という商品分類の場合、第2階層は「おかず弁当」「丼弁当」「麺弁当」「おにぎり」と分けることができます。つまり、弁当の種類別に分類することで、細分化しているのです。

　このような構成のおかげで、弁当部門の売上が伸びた時に、おかず弁当が売れたのか、おにぎりが売れたのかをチェックすれば、その要因を見つけることができます。おにぎりが売れたおかげで弁当部門の売上が伸びたとわかれば、おにぎりに絞り込んで商品1つずつの詳細なデータを把握していきます。

　つまり、大きな視点から徐々に小さい視点にしていくことで、弁当部門の強化という目的を見失わずにデータ分析が行えるのです。このようなプロセスでデータ分析を進めず、いきなり詳細なデータ分析を行ってしまうと、色々な発見が出てきて目移りしてしまい、当初の目的を見失ってしまうことがあるため、注意してください。

商品分類の階層のイメージ

商品分類の第1階層	商品分類の第2階層
弁当	おかず弁当
	丼弁当
	麺弁当
	おにぎり

商品分類は細分化していく。

各人がバラバラの基準で分類するのを防ごう

　1人で商品マスタに商品分類を登録している場合は、すべての商品が同じ視点で分類されているため、とても使いやすくわかりやすいでしょう。しかし、実際には複数の人が別々に商品マスタに商品分類を登録しているケースが多いと思います。

　この場合、人によって商品分類の認識が違う部分が出てくるため、統一的な視点で分類登録されていない商品が出てきます。また、登録作業は人間が行うため、入力ミスもあります。そのため、いざデータ分析をしようとしても、商品分類単位での集計ができないことがよくあります。ＰＯＳデータを見て、商品分類の間違いに気づいた時は、正しい商品分類への修正を行ってからデータ分析作業に取り掛かってください。

商品分類の統一したルールをつくらないと…

商品を グルーピングしてみよう

KEYWORD
購買パターン の分析

容量や容器ごとにグループわけできる

　商品分類をできるだけ細分化して、商品を1つずつ見ていくと、共通した商品の特徴があることがわかってきます。例えば、お酒という大きな商品分類だと、全ての商品にアルコールが入っていることがわかるだけですが、ビールという商品分類まで細分化すると、容量には「350ｍｌ」「500ｍｌ」などのパターンがあることや、容器には缶、瓶、樽があることが見えてきます。このような容器や容量のパターンでグルーピングしてデータ分析を行えば、品揃えで注意するべきポイントが明確になってきます。

　活用方法として「ビール部門を容量パターンでグルーピングして、売場変更を考えていく」という例を挙げてみます。

　単純にビール部門の売上を商品別に集計しても350ｍｌと500ｍｌが入り混じったデータになるため、パッと見た時、350ｍｌと500ｍｌのどちらの容量が売れているのかがわかりません。そこで、容量のパターンでグルーピングを行い、350ｍｌと500ｍｌのどちらが売れているかを把握します。そうすれば、陳列する際に350ｍｌをメインにするべきか、500ｍｌをメインにするべきか、根拠を持って決定することができます。そして、お客様にとって買いやすい売場になるのです。

異なる商品を健康志向の切り口でグルーピングすると？

　この数年、商品の多様化とライフスタイルの多様化が進んだことで、商品分類の括りからのデータ分析だけでは、お客様の商品ニーズをつかみづらくなっています。そこで、視点を変えて、共通の商品特徴でグル

ーピングする手法をご紹介します。

　例えば、健康志向をテーマにした商品のグルーピングを考えた場合、低カロリーのマヨネーズ、エゴマ油、ノンカフェインの紅茶など、幅広い商品分類から該当しそうな商品が出てきます。このようなグルーピングを行えば、「健康志向の商品」を買うお客様についてデータ分析が行えるようになります。また、インスタント麺やレトルトカレーなど手間をかけずに食べられる商品について「簡便調理品」としてグルーピングすれば、料理をしないで手軽に食べられる商品を買うお客様のデータ分析が行えます。

　このグルーピングによるデータ分析によって、その商品グループを買うお客様の購買パターンがわかると、お客様の多様性に合わせた具体的な品揃え、価格設定、売場づくりのヒントが得られます。健康志向のお客様が多いと判断できれば、各売場で健康テーマのコーナーを設置するアイデアが一例として挙げられます。また、簡便調理品を買うお客様が多いお店は、インスタント麺やレトルトカレーの商品を１つの売場で展開すれば、お客様が買いやすい売場になるかもしれません。

グルーピングを活用してお店作りのヒントを得よう

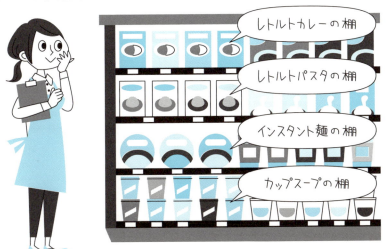

エクセル操作ガイド（データ整備）

JANコードを数値データに変換する操作

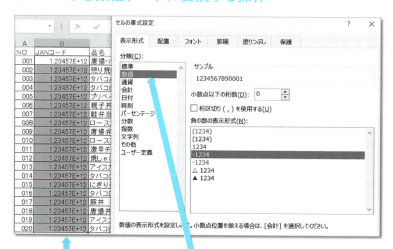

①数値データに変換する
セルを全て選択する。

②右クリック後、「セルの書式設定」で
"数値"を選択してOKを押せば、
13桁の数値で表示される。

テキスト形式の数字も同じ手順で
数値データに変換できます。

データの記述方法を簡単に統一する操作

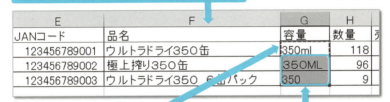

①まず、同じ内容（サンプルでは容量が350ml缶のビール）のデータを集める。

②統一する記述方法のセルをコピー状態にする。

③修正するデータ範囲を全て選択した後、貼り付けをすれば統一できる。

品名に統一する内容が記載されている場合は、次のようなフィルター機能を使えば簡単に絞り込みができます。

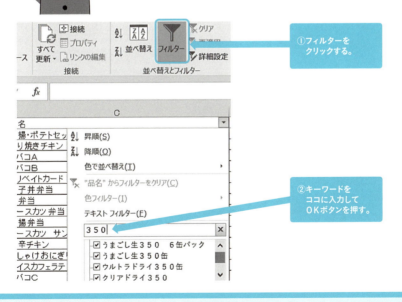

①フィルターをクリックする。

②キーワードをココに入力してOKボタンを押す。

045

ドレッシングをグルーピングしてみよう

「サイズ」「ヘルシー」「和洋中」で分類してみよう。

①POSデータを準備して、グルーピングする特徴のデータ項目は一番上の行に入力していく。

	C	D	E	F	G
1	JANコード	品名	サイズ	ヘルシー	和洋中
2	1234567890001	●●県産　たまねぎドレッシング	普通	普通	和風
3	1234567890002	ノンオイル　ごまドレッシング	普通	ノンオイル	和風
4	1234567890003	大容量　イタリアンドレッシング	大容量	普通	洋風
5	1234567890004	▲▲社　中華ドレッシング	普通	普通	中華風
6	1234567890005	××社　シーザードレッシング	普通	普通	洋風
7	1234567890006	◆◆県産　焙煎ごまドレッシング	普通	普通	和風
8	1234567890007	大容量　和風ドレッシング	大容量	普通	和風
9	1234567890008	ノンオイル　青じそドレッシング	普通	ノンオイル	和風
10					

②商品の1つずつに商品の特徴を入力していく。

グルーピングしたら商品を見るポイントが変わった！！

商品によって見るべきポイントが違います。商品分類別にグルーピング項目を考えましょう。

グルーピングする時の注意点

① **客観的な視点で考える**
→なるべく誰が見ても同じ結果になる商品特徴を考える
→デザインなど主観的な情報は、入力者の性別、世代、地域等を記録しておく
→グルーピングの考え方やルールは記録しておく

② **細かくグルーピングしすぎない**
→膨大な作業時間が必要になり完結できない
→商品の詳細がわからずデータ整備ができない可能性がある
→分析結果が細かすぎて、情報の意味が読み取れない可能性がある

③ **全てのセルにデータを入力する**
→正しい分析結果が得られない可能性がある
→空白セルの商品は分析対象外になってしまう
→作業が一通り終わったら、空白セルの有無をチェック

④ **情報が調べられない時は、"その他"や"不明"を使う**
→どのグルーピング項目にも該当しない場合は、"その他"
→情報が全く得られない場合は、"不明"
→後に情報が明らかになれば、データを書き換えることを忘れない

⑤ **記述方法は統一する**
→数値情報は単位を揃えた桁数にする
→「ml」「ML」など、単位表示の文字を統一する
→数値形式とテキスト形式を混在させない

COLUMN

データ分析が趣味にならないように…

　データ分析作業ができるようになると、誰も気が付いていない新しい発見をすることに面白さを覚える人がいます。もちろん、データ分析が面白いと思えることは良いことであり、データ分析に向いている人だと思います。

　しかし、新しい発見を求めてしまうためか、知らず知らずのうちに、データ分析の目的から考えると不必要な部分まで詳細に分析してしまいがちです。その探求心で、売上・利益アップにつながる新しい発見をすることもあると思いますが、仕事で一番大切なのは「まず、目的を果たす」ことです。目的を果たさず、"自分が気になること"を分析していると、趣味のデータ分析と指摘されかねませんので注意が必要です。

得意な分野には関心が強くなるのが人間の性

　実は、筆者はまさにデータ分析が趣味になりがちなタイプなわけですが、自身の経験で書かせていただくと、"自分が良く知っているカテゴリ"は気になってしまう傾向が強いです。私は過去にワインバイヤーを経験しているためか、分析対象が生鮮食品であっても頭のどこかで「ワインで同じ分析をしたらどうなるだろう？」と気になってしまいます。

　どうやら人間は自分の得意分野ほど関心が強くなるようですから、皆様もデータ分析の目的を忘れず、探求心はグッとこらえて、まず目的を果たすように心掛けましょう！

第4章

簡単に
計算できる
データ分析

お店の売上と利益を集計してみよう

KEYWORD
データ分析の基礎

まずは基本を押さえることが大事

　いよいよ、この第4章からデータ分析の方法について解説していきます。最初のステップは初歩的な内容ですが、実はこの基本的な分析で得られる情報の意味がとても大切になってきます。

　簡単に求められる数値ですが、お店の業績について全体を把握することになるため、しっかり把握しておくことが重要です。また、複雑な分析に取り組みだすと、数値の意味をついつい忘れてしまうことが多いので要注意です。

利益を増やすには売上を増やすことから考えよう

　前置きが長くなりましたが、最初は、基本中の基本である売上と利益の「集計」を取り上げます。ここで紹介する集計とは、POSデータで合計数値を計算するだけの簡単なものです。売上の集計結果は、お店の業績を評価する最もポピュラーな数値です。

　利益の集計結果は、儲けを把握することにつながります。

　売上の集計結果が大きかったということは、お客様がたくさんのお金を払ってくれた証拠になります。つまり、それだけ高く評価をしていただいたのです。この評価の裏側には、「客数が多い」「たくさん売れる商品がある」「高級な商品を買ってもらえる」など色々な要因がありますが、まずは"売れる"ということが大事なのです。

　一方、利益はお店にとって売上よりも大切な数値であることはいうまでもありません。それにも関わらず、売上のほうがデータ分析で重要視されてきたのは、売上がなければ利益が得られないからです。利益を増

やすためには、売上を増やすことから考えなければいけないのです。

POSデータの売上をエクセルで合計しよう

NO	JANコード	品名	数量	売上
001	1234567890001	唐揚・ポテトセット	914	175,613
002	1234567890002	照り焼きチキン	758	119,764
003	1234567890003	タバコA	262	111,612
004	1234567890004	タバコB	247	105,222
005	1234567890005	プリペイドカード	10	100,000
006	1234567890006	親子丼弁当	253	93,357
007	1234567890007	鮭弁当	244	90,036
008	1234567890008	ロースカツ弁当	138	68,724
009	1234567890009	唐揚弁当	143	60,918
010	1234567890010	ロースカツ　サンドイッチ	139	55,461
		売上合計		980,707

利益の集計は、お店によって異なります。最初から利益額が入っていれば合計するだけで済みます。

簡単な式だね。

ここに注意！

利益額がPOSデータにない時はこの計算式！

（売価ー原価）×数量

売れた数を調べて色々な施策に役立てよう

KEYWORD
販売数量

チラシ掲載時の仕入予測ができる

　販売数量の把握に必要なのは、前ページの売上・利益の集計と同じように、ＰＯＳデータで合計値を計算することだけです。お店のデータ分析では、売上・利益が重視される傾向にあり、意外と販売数量にスポットが当たらないケースが多いです。おそらく、１個売れたら100円の売上、５個売れたら500円の売上……と、販売数量は売上金額と比例しているから割愛されるのでしょう。

　しかし、データ分析に基づいて、具体的に何かの施策を行う場合は、販売数量がとても重要になります。例えば、商品Ａをチラシに掲載して特売価格を打ち出すとします。この時、チラシ期間に品切れしない数量を仕入しなければなりません。しかし、売上データだけでは、普段の価格と違う特売価格になるため、予測が難しくなります。

　そこで、過去の販売数量の実績に基づいて、チラシ掲載によって売れる個数の見込みを考えていくことになります。個数単位だと、「何人が商品Ａを買うか？」に置き換えて考えることができるなど、具体的な予測がしやすくなります。

　このように販売数量を使ったデータ分析は、具体的な作業に落とし込みやすい結果を得られるメリットがあります。

仕入価格の交渉や陳列数量の調整にも役立つ

　チラシに掲載する商品の仕入数量を事例として挙げましたが、他にも販売数量が役立つ場面はたくさんあります。主な販売数量データの活用方法として、「仕入価格の交渉」や「陳列数量の調整」が挙げられます。

仕入価格の交渉では、一度に発注する数量が多ければ多いほど、仕入価格が安くなるのが一般的です。この交渉を有利に進めるためには、お店が売り切れる数量の見込みをつけておくことが重要です。過去の販売数量データを把握していると、商品在庫を余らせない範囲で、最も安い仕入価格を実現することができます。

　陳列数量の調整は、商品の品切れ防止につながります。よく売れる商品の陳列数量が少なすぎて品切れが多いと、その商品を買えないお客様が出てきます。品切れがなければ、本来つくれたはずの売上がなくなるだけでなく、お客様が不満を持ってしまい、お店に悪い印象を持たれてしまうかもしれません。商品ごとに販売数量を把握しておけば、このような事態を避けられる可能性がグッと高くなります。

販売数量の分析が役立つ場面

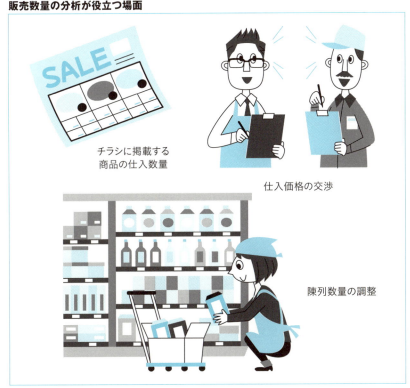

チラシに掲載する商品の仕入数量

仕入価格の交渉

陳列数量の調整

お客様が使ったお金と買った数を調べよう

KEYWORD 客単価と平均購入点数

お客様がどんな買い方をしているのかがわかる

　お店のデータ分析は、商品別に集計したＰＯＳデータが主体となります。そのため、たいへん重要であるにも関わらず見落とされがちなのが客数を軸にしたデータ分析です。代表的な客単価と平均購入点数は、売れる商品ではなく、お客様の買い方を知るための基本です。

　客数を知るには、レジの精算処理時に記載される客数またはレシート枚数を調べます。しかし、精算処理時の客数やレシート枚数は全売上に対するカウントのため、特定の商品を買った客数を調べる時は、その特定商品が入ったレシート枚数を数える必要があります。これは、少々難しいため、第６章で解説します。

客単価を分析する方法

　客単価とは、お客様１人当たりの売上金額の平均値です。
　客単価の求め方は、

$$売上 \div 客数 = 客単価$$

となります。
ちなみに、この客単価の求め方の式は、

$$客単価 \times 客数 = 売上$$

と置き換えることができます。つまり、売上アップを目指す時は、客

単価アップを狙うか、客数アップを狙えば良いことがわかります。また、売上がアップした時は、客単価か客数の変化をチェックすれば、どちらが増えて売上アップに貢献したのかがわかります。

平均購入点数を分析する方法

平均購入点数とは、お客様1人当たりが購入したアイテム数の平均値です。

平均購入点数の求め方は、

> 販売数量 ÷ 客数 ＝ 平均購入点数

となります。

この平均購入点数が大きければ、お客様がたくさんの買い物をしてくれていることになります。

客単価と平均購入点数は業績把握の大切な指標

お客様の買い物の結果がわかる客単価と平均購入点数ですが、あくまで平均値であることを忘れてはいけません。

客単価1,000円という結果を見ると、お客様全員が約1,000円の買い物をしている印象を受けます。しかし、現実はお客様1人ずつの買い物金額が異なることが普通です。

極端な例を挙げると、お客様5人のうち、4人は500円の買い物をして、1人が3,000円の買い物をした時の客単価は、売上合計5,000円を5人で割るので1,000円となります。この場合、1,000円の買い物をしている人は誰もいないことになります。

だからといって、客単価と平均購入点数が軽んじられるわけではありません。業績把握の大切な指標として重宝されています。

売上に占める各商品分類の割合を調べよう

KEYWORD 売上構成比

各部門の売上の違いがわかりやすくなる

　全商品の売上を集計すれば、大きな業績の動きは簡単に把握できます。

　しかし、それだけでは業績が変動した要因はわかりません。その要因を調査するためには、第3章「個々の商品を大きな括りで分類しよう」でも解説している通り、大きな視点から徐々に小さい視点に絞り込んでデータ分析をしていくことが重要です。

　下記の表は、商品分類別に売上を集計したサンプルです。

商品分類別に売上を集計した例

商品分類	売上
弁当	1,073,304
惣菜	1,054,871
パン	238,664
加工食品	2,929,522
冷凍食品	1,110,746
農産生鮮品	3,495,045
畜産生鮮品	3,364,080
水産生鮮品	4,268,645
...	...
合計	20,183,206

単品の売上を商品分類別で集計

　このような商品分類別の売上集計表を作成すると、お店の強い部門・弱い部門を、売上金額の大きさで把握できます。しかし、この売上金額のままでは数字の桁数が多くて、大きさの違いがわかりづらいと思います。そこで、売上構成比を計算して、大きさの違いを理解しやすくする工夫をするのです。

売上構成比の計算方法は、

商品分類別の売上集計 ÷ 売上全体 × 100 ＝ 売上構成比（％）

であり、下記の表が、売上構成比のサンプルです。

売上構成比の例

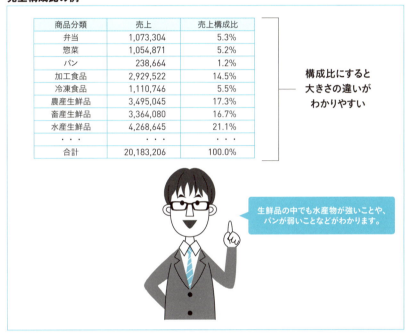

商品分類	売上	売上構成比
弁当	1,073,304	5.3%
惣菜	1,054,871	5.2%
パン	238,664	1.2%
加工食品	2,929,522	14.5%
冷凍食品	1,110,746	5.5%
農産生鮮品	3,495,045	17.3%
畜産生鮮品	3,364,080	16.7%
水産生鮮品	4,268,645	21.1%
・・・	・・・	・・・
合計	20,183,206	100.0%

構成比にすると大きさの違いがわかりやすい

生鮮品の中でも水産物が強いことや、パンが弱いことなどがわかります。

　売上構成比は、売上合計を100％として、商品分類別に集計した金額の割合を算出した結果です。単純な売上の増減ではなく、お店の売上全体に対する商品分類別の割合なので、より明確に強い部門と弱い部門を把握することができます。

一言メモ
このページでは売上構成比をテーマにして解説していますが、利益・数量も同じように構成比で見るとわかりやすくなります。

お店の業績は時系列で把握しよう

KEYWORD
数値の集計とグラフ化

売上が伸びる商品と落ちる商品が予測できる

　お店のデータ分析は、1月、2月、3月……と時系列で行うことで、単月の分析結果から読み取れるものとは違う情報が得られます。例えば、3月の商品Aと商品Bの売上が同じ1万円だったとします。もし、商品Aは1月に3,000円、2月には5,000円と推移して3月に1万円の売上になったとすれば、商品Aは成長傾向にあるので、売りどきだと考えるでしょう。逆に、商品Bの売上が1月に5万円、2月に3万円と推移して3月には1万円となったとすれば、近い将来、商品Bが全く売れなくなる可能性を感じるでしょう。

　このように、一時的に売上金額が同じでも、それまでの売上推移の仕方によって結果の意味が異なるのです。これは時系列だから違う意味に感じるわけではなく、時系列で把握するからこそ、実績を正しく理解できているのです。

伸びそうな商品Aと失速気味の商品Bの売上の推移

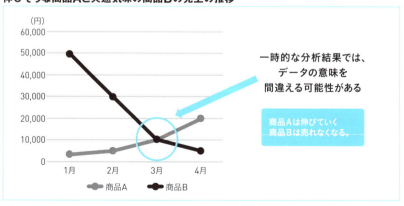

お店の業績を正確に把握できる

　時系列で把握する数値の代表が、50ページの「お店の売上と利益を集計してみよう」で解説した、お店全体の売上と利益です。財務的な意味合いで売上と利益の把握が重要なことはいうまでもありませんが、それだけではなく、お店の業績が上向きなのか、それとも下向きなのかについて、客観的な数値で確認できます。数値は、思い込みや勘違いに左右されない事実を教えてくれます。そのため、定期的に売上と利益の集計結果を記録していく習慣が、正しい判断につながっていきます。

グラフ化すると変化がわかりやすくなる

　データ分析した結果を時系列で把握していく場合、数値だけの集計表で作業を終わらせず、グラフ化しておくことをお薦めします。その理由は、グラフ化すれば、次の図のように一目で業績の変化を察知できるからです。

売上と利益率の月次推移グラフ

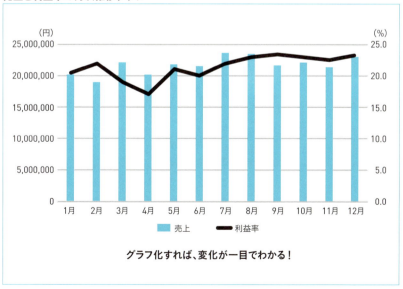

グラフ化すれば、変化が一目でわかる！

季節が売上に与える影響を調べよう

KEYWORD　季節指数

ライフスタイルや地域によって違う購買行動がわかる

　お店で買い物をするお客様は、1年間同じ生活を続けているわけではありません。季節によって食べる物が変わりますし、地域によってはライフスタイルも異なります。そのため、1月から12月まで、売上は増減しながら推移していきます。この増減を数値化したのが、季節指数と呼ばれるものです。季節指数は、売上目標の作成でたいへん重宝されている数値です。

季節指数のサンプル

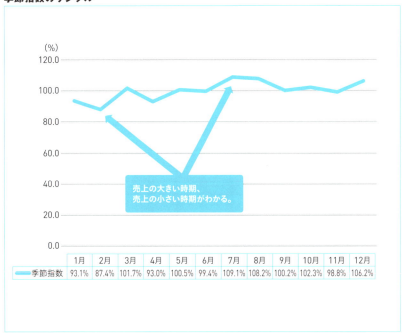

売上の大きい時期、売上の小さい時期がわかる。

	1月	2月	3月	4月	5月	6月	7月	8月	9月	10月	11月	12月
季節指数	93.1%	87.4%	101.7%	93.0%	100.5%	99.4%	109.1%	108.2%	100.2%	102.3%	98.8%	106.2%

季節指数は売上予測に役立つ

　季節指数の存在が示すように、売上が多くなる月もあれば、売上が少なくなる月もあります。そのため、季節指数を知らなければ、売上が季節指数に合わせて減少した時に、理由がわからず慌ててしまうかもしれません。

　しかし、季節指数を加味した売上予測をしておけば、「この月は、売上が落ちて当たり前」と冷静に判断できます。開業から1年以上経過しているお店であれば、過去の売上実績から季節指数を分析し、売上目標の作成に活用していきましょう。季節による売上の変動を事前に把握しておくことで、商品在庫、人件費、販促費の調整や資金繰りを事前に考えることができるため、計画的な店舗運営にもつながっていきます。

季節指数を計算してみよう

　季節指数の考え方は少々ややこしいため、まずは計算方法からご紹介します。

> 単月の売上合計÷（1年間の売上合計÷12カ月）×100＝季節指数（％）

　上記の計算方法にある「1年間の売上合計÷12カ月」は、言い換えると1カ月間の平均売上金額です。つまり、平均値に対する比率を、月別に計算しているわけです。ちなみに季節指数は、おおよそ80～130％の間になることが一般的で、12カ月分を合計すると1,200％（平均すると100％）になります。そのため、どの月も100％を超えている、といった結果にはなりませんのでご注意ください。

　季節指数を使った売上予測は、最初に1カ月間の平均売上目標を決め、各月の季節指数と掛け算していくと考えやすいでしょう。次ページのようなエクセル表をつくると簡単に計算できます。

季節指数を使った売上予測の修正

　お店の季節指数を把握していると、今月の売上実績に基づいて、来月以降の売上予測をすることもできます。売上目標からかけはなれた売上結果になった時は、その時点から売上予測を行ったほうが良いことも多いです。例えば、売上目標が大きすぎる時は"無理難題を押し付けられている"という気持ちがスタッフに芽生え、モチベーションが低下します。モチベーションが低いとどんなに素晴らしい戦略や戦術も成果につながりません。一旦小さい売上目標に修正して、目標を達成する喜びでモチベーションを高めてもらい、徐々に大きな売上目標に挑戦していくほうが意外と近道だったりもします。1つの方法として、ぜひ覚えておいてください。

季節指数を使った売上予測の見直し方法

売上実績が出てから追加する項目

	季節指数	売上目標	売上実績	達成率	売上予測の見直し
1月	93.1%	18,621,763	17,132,021	92%	
2月	87.4%	17,486,235	15,562,749	89%	15,562,749
3月	101.7%	20,345,641			18,109,057
4月	93.0%	18,599,669			16,559,905
5月	100.5%	20,090,952			17,895,381
6月	99.4%	19,879,037			17,699,511
7月	109.1%	21,822,085			19,426,727
8月	108.2%	21,641,558			19,266,470
9月	100.2%	20,047,906			17,841,962
10月	102.3%	20,468,773			18,215,895
11月	98.8%	19,754,383			17,592,673
12月	106.2%	21,241,997			18,910,343

売上目標の達成が難しくなるとスタッフのモチベーションが落ち、売上がさらに下降しかねない。

その月の売上実績が仮に達成率100%だと仮定して季節指数を活用して、翌月以降の売上予測を見直す。

目標が全く達成できない！どうしよう？

現実的な目標に修正してみんなのやる気を維持しよう。

前年の業績と今年の業績を比較しよう

KEYWORD　前年比較分析と成長率

お店の業績を評価するのに欠かせない分析

　お店の業績は、単純に売上合計や利益合計を把握するだけでなく、売上目標に対する達成率や前年比較分析を行い、評価します。特に、前年比較分析は、お店の成長率を簡単に把握できる便利な手法です。前年の"同じ月"、すなわち季節指数が同じ条件の月に対する比較であるため、成長率がわかることがポイントです。

前年比較分析を計算してみよう

　前年比較分析では、最初に前年対比を求める方法をご紹介します。

> 当月の売上合計 ÷ 前年同月の売上合計 × 100 ＝ 前年対比（％）

　例えば、当月の売上合計が120万円、前年同月の売上合計が100万円の場合は、120万円÷100万円×100となり、前年対比は120％という分析結果になります。この前年対比は、100％を超えていると成長、100％未満の場合は業績が悪化していることがわかります。
　もう1つ、成長率を把握するために前年比較分析を行う場合は、前年対比から100％を引いて、増減分だけを確認できるようにします。計算方法として整理すると、次の式になります。

> ｛(当月の売上合計 ÷ 前年同月の売上合計) － 1｝× 100 ＝ 成長率（％）

　前年対比と違う点は、業績が悪化している時は、マイナスの数値結果

になる点です。そのため、成長と悪化を一目で判断できます。

　前年対比と成長率は、どちらも同じような情報ですが、前者は前年に対する比率であり、後者は伸び率を示しています。報告書やプレゼン書類を作成するときには、情報の意味を間違えずに選びましょう。

前年対比と成長率の計算例

	前年売上	売上	前年対比	成長率
1月	18,876,893	18,621,763	98.6%	-1.4%
2月	17,561,648	17,486,235	99.6%	-0.4%
3月	20,549,097	20,345,641	99.0%	-1.0%
4月	18,413,673	18,599,669	101.0%	1.0%
5月	19,086,404	20,090,952	105.3%	5.3%
6月	18,686,295	19,879,037	106.4%	6.4%
7月	20,076,318	21,822,085	108.7%	8.7%
8月	20,559,480	21,641,558	105.3%	5.3%
9月	17,040,720	20,047,906	117.6%	17.6%
10月	17,807,832	20,468,773	114.9%	14.9%
11月	16,396,138	19,754,383	120.5%	20.5%
12月	18,055,698	21,241,997	117.6%	17.6%

成長率を分析すると、お店の成長度合いがわかりやすい。

成長率をグラフで表現しよう

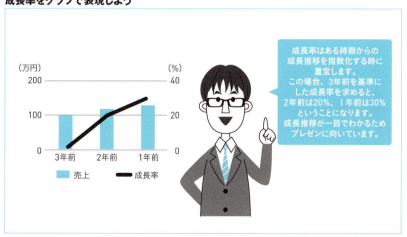

成長率はある時期からの成長推移を指数化する時に重宝します。
この場合、3年前を基準にした成長率を求めると、2年前は20%、1年前は30%ということになります。
成長推移が一目でわかるためプレゼンに向いています。

エクセル操作ガイド(データ分析の初歩)

売上の集計をするエクセル操作

品名	数量	売上
唐揚・ポテトセット	914	175,613
照り焼きチキン	758	119,764
タバコA	262	111,612
タバコB	247	105,222
プリベイトカード	10	100,000
親子丼弁当	253	93,357
鮭弁当	244	90,036
ロースカツ弁当	138	68,724
唐揚弁当	143	60,918
ロースカツ サンドイッチ	139	55,461
売上合計		

①集計値(合計値)を入れるセルを選択する。

②オートSUM関数で、合計を選択する。

利益と販売数量の集計も、同じ手順で数値データに変換できます。

客単価・平均購入点数を計算するエクセル操作

<客単価の計算>

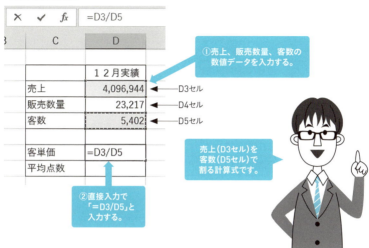

<平均購入点数の計算>

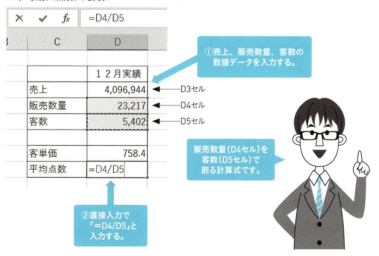

売上構成比を計算するエクセル操作

時系列データをグラフ化するエクセル操作

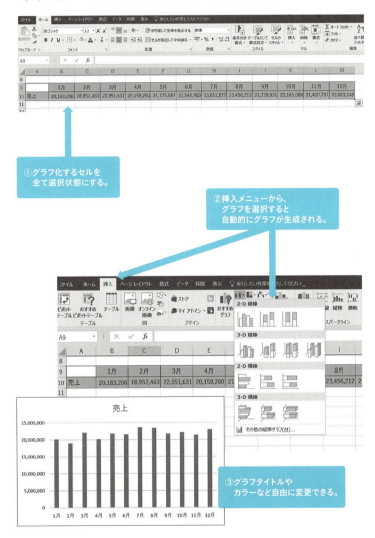

①グラフ化するセルを全て選択状態にする。

②挿入メニューから、グラフを選択すると自動的にグラフが生成される。

③グラフタイトルやカラーなど自由に変更できる。

季節指数を計算するエクセル操作

fx	=E3/$E$16	
D	E	F

	売上	季節指数
1月	18,621,763	=E3/$E$16
2月	17,486,235	
3月	20,345,641	
4月	18,599,669	
5月	20,090,952	
6月	19,879,037	
7月	21,822,085	
8月	21,641,558	
9月	20,047,906	
10月	20,468,773	
11月	19,754,383	
12月	21,241,997	
1年間売上合計	240,000,000	
平均売上	20,000,000	

②直接入力で
=売上セル/平均売上セル

※平均売上セルを選択後、
F4ボタンを押すと
$マークがつく

③1つ季節指数を計算した後、
他の行はコピーペースト。
最後にセルの書式設定を
パーセント表示にする。

①1年間の売上を合計し、
平均売上を計算する。

業績が安定しているお店は、
毎年同じような季節指数になります。
そのため、成長や業績悪化の傾向が
季節指数の変化で把握できる
場合があります。

季節指数を使って売上予測を見直すエクセル操作

	B	C	D	E	F	G
		季節指数	売上目標	売上実績	達成率	売上予測の見直し
1月		93.1%	18,621,763	17,132,021	92%	
2月		87.4%	17,486,235	15,562,749	=E4/D4	
3月		101.7%	20,345,641			

①直接入力で
=売上実績セル/売上目標セル

※セル書式はパーセント表示にする

数式バー: =($H$4/$F$4)*F4

	E	F	G	H	I	J
		季節指数	売上目標	売上実績	達成率	売上予測の見直し
1月		93.1%	18,621,763	17,132,021	92%	
2月		87.4%	17,486,235	15,562,749	89%	=($H$4/$F$4)*F4
3月		101.7%	20,345,641			18,109,057
4月		93.0%	18,599,669			16,559,905
5月		100.5%	20,090,952			17,895,381

②直接入力で、
(売上実績セル/季節指数セル)×季節指数セル

※売上実績セルと季節指数セルは選択後にF4ボタンを押して$マークをつける

③1つ売上予測を計算した後、他の行はコピー&ペースト。

前年対比を計算するエクセル操作

	B	C	D	F
		前年売上	売上	前年対比
	1月	18,876,893	18,621,763	=D3/C3
	2月	17,561,648	17,486,235	
	3月	20,549,097	20,345,641	
	4月	18,413,673	18,599,669	
	5月	19,086,404	20,090,952	
	6月	18,686,295	19,879,037	
	7月	20,076,318	21,822,085	
	8月	20,559,480	21,641,558	
	9月	17,040,720	20,047,906	
	10月	17,807,832	20,468,773	
	11月	16,396,138	19,754,383	
	12月	18,055,698	21,241,997	

数式バー: =D3/C3

①前年と今年の売上を入力する。

②直接入力で
=売上セル/前年売上セル

③1つ前年対比を計算した後、他の行はコピー&ペースト。最後にセルの書式設定をパーセント表示にする。

前年対比は前年売上を100%に設定して、前年と比較した今年の売上実績を指数化しています。前年を基準(100%)と考えることがポイントで、110%なら前年より業績が良い、90%なら前年より業績が悪いと瞬時に理解できます。成長率でも同じ情報を示せますが、増減分だけを指数化すると"前年が基準"であるニュアンスが弱くなるのが不思議です。

成長率を計算するエクセル操作

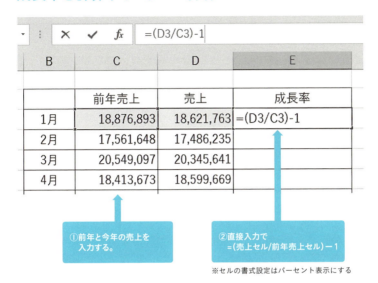

ある時期からの成長率を求める式のポイント

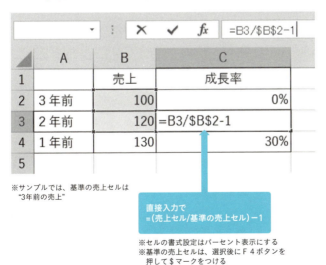

分析結果は結論から伝える

COLUMN

　お店の数が多い企業では、分析結果を報告書やプレゼン資料で使うケースがあります。この時、「正しく説明するために必要だと思う、根拠となるデータをカットする勇気」が重要です。「必要そうなのにカット？」と聞くと、謎かけのようですが、要は報告書やプレゼン資料を読む第三者にとっては"結論が全て"だということです。

結論を導いた根拠は参考資料として添付しよう

　データ分析をした本人は、データ分析の作業中に見た全ての情報が頭に入っている状態です。そのため、データ分析のプロセスを丁寧に踏まえて、色々な根拠を持って分析結果を提示したくなります。根拠を明確に提示したほうが、適切に判断してもらえるという配慮もあるでしょう。「根拠を伝えずに結論だけ伝えて、理解してもらえるのか？」という不安もあります。

　しかし、第三者が一番知りたいことは結論なのです。そして、結論を踏まえて「なぜ、そういう結論になったのか？」に関心が向けば、根拠データを見るという流れになります。そのため、結論はメインの資料に書き、分析の根拠となるデータは参考資料として添付するのも一案です。

　ちなみに、データ分析を終えた直後は、頭の中に膨大な分析データが残っています。報告書・プレゼン資料をつくるのは、少し時間をあけて頭をすっきりさせてからにしましょう。そして、「一番に伝えるべき結論は何か？」ということを忘れないようにしましょう。

第 **5** 章

売上アップに
つながる
データ分析

主力商品を把握して売上と集客を伸ばそう

KEYWORD
ABC売上分析

大規模なお店で活用されている売上分析の定番中の定番

　この第5章からは売上アップを目指したデータ分析について、具体的な手法を解説していきます。難しそうに感じるかもしれませんが、1度覚えてしまえば、その後は意外と簡単に扱うことができます。しかも、実践的な分析手法が多いです。

　さて、最初にご紹介する手法は、ＡＢＣ（エー・ビー・シー）売上分析と呼ばれるものです。売上規模が大きいお店のほとんどが活用しているといっても過言ではありません。このＡＢＣ売上分析のメリットは、集客に貢献している主力商品を明確に把握できることです。

売上構成比が高いものからピックアップ

　ＡＢＣ売上分析のＡ、Ｂ、Ｃは、商品を3段階でランク付けすることを意味しています。Ａランクが最も重要度が高く、Ｂランク、Ｃランクの順に重要度が低くなっていきます。

　ＡＢＣ売上分析は、まず商品別ＰＯＳデータを売上が大きい順に並べ、各商品の売上構成比を上から累計していきます。その売上構成比の累積値が70〜80％の範囲がＡランク、70〜90％の範囲がＢランク、90％を超える範囲がＣランクです。本書では、70％に達した範囲までをＡランク、70〜90％の範囲をＢランクとして解説していきます。このようにＡＢＣ売上分析では、「売上が大きい商品＝重要度が高い商品」というルールがあります。シンプルなルールですが、無視してデータ分析をしても正しい結果は得られません。意外に忘れがちなので注意してください。

ABC売上分析のサンプル

品名	売上金額	売上構成比	累積売上構成比	ランク	
お米	505,613	51%	51%	A	⎫ Aランク
たまご	209,764	21%	72%	A	⎭
豆腐	61,612	6%	78%	B	⎫
キャベツ	55,222	6%	83%	B	⎪
納豆	30,540	3%	86%	B	⎬ Bランク
ミネラルウォーター	23,357	2%	89%	B	⎪
鮭弁当	20,036	2%	91%	B	⎭
ロースカツ弁当	18,724	2%	92%	C	⎫
唐揚弁当	15,918	2%	94%	C	⎪
ロースカツ　サンドイッチ	10,461	1%	95%	C	⎬ Cランク
・・・	・・・	・・・	・・・	C	⎭
売上合計	1,000,000	100%	100%		

このお店はお米とたまごがAランクね。

売上構成比を上から足していく（＝累積の数字を出す）。

ABC売上分析で主力商品がわかる

　ＡＢＣ売上分析の考え方は、２：８の法則（パレートの法則）がベースになっています。２：８の法則とは、物事を数値に置き換えた場合、その80％は、ある20％の要素で構成されているという経験則です。

　お店のデータの場合は、ＡＢＣ売上分析のＡランクを売上上位80％とすると、その80％をつくるアイテム数は20％だといわれています。わかりやすくたとえると、全アイテム数1,000品で売上が1,000万円のお店は、200品で800万円の売上をつくっているということです。この20％の商品が、お店の主力商品なのです。

　参考までに、有名な２：８の法則（パレート図）のグラフを掲載しておきます。売上金額だけを眺めていては把握できない、商品別の重要度が一目でわかることがポイントです。

2:8の法則をグラフ化したもの

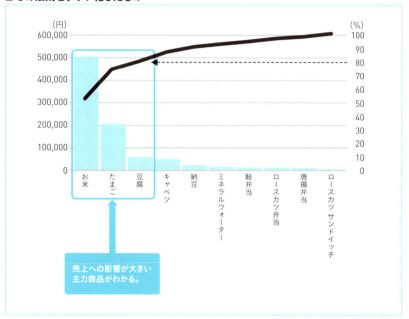

Aランク商品はお店の業績に貢献してくれる

　ＡＢＣ売上分析をしてお店の主力商品であるＡランク商品を把握できても、そのＡランク商品の特徴を知らなければ、ただデータを眺めるだけで終わってしまいます。

　Ａランク商品の特徴は、"買いたいお客様がたくさん存在している"という事実です。買いたいお客様が少ない商品の売上アップを狙うよりも、売れる商品の売上を伸ばすほうが効率的です。

　例えば、商品の陳列場所を変更すれば、もっとたくさんのお客様が買うかもしれません。価格を安くすれば、１人で２～３個とまとめ買いしてくれる可能性もあります。チラシに掲載すれば、その商品を買いたい新しいお客様に来店してもらえるかもしれません。このように、Ａランク商品は、客数アップや客単価アップに大きな貢献ができる可能性が大きいのです。

Aランク商品を安くして集客商品にする

　多くのお店では、このAランク商品を安く販売し、集客商品として戦略的に展開しています。Aランク商品を安くすると、利益が少なくなるため、経営的に良くないと感じるかもしれません。しかし、Aランク商品を買う人の大半は、BランクやCランク商品も一緒に買うため、Aランク商品で集客して、BランクやCランク商品で儲けるという仕掛けになっています。

　逆に、Aランク商品が全アイテム数の20％を超えてしまうお店等は、お客様を集客できる商品が少ないともいえます。そのような場合は、陳列場所の工夫や販売価格の見直し、チラシなど販促強化を行って、Aランク商品を育てていく必要があります。

Aランク商品は売上アップのキーポイント！

BランクやCランク商品にも存在意義がある

　BランクやCランク商品は、売上の30％未満しかありません。特にCランク商品については、「お店で売る意味があるのか？」と疑問を持つかもしれません。

　しかし、本当にBランクやCランクの商品を全てカットしてしまうと、おそらく30％以上の大幅な売上縮小になってしまうでしょう。もし、スーパーマーケットに行って、売れ筋商品ばかりの品揃えだったとしたら、商品を選ぶ楽しさがないため、そのお店に魅力を感じる人は少なくなります。

　つまり、BランクやCランク商品は、買うお客様は少なくても、品揃えで顧客満足度を高める役割を担っているのです。

　品揃えで顧客満足度を高める商品は、"商品がある"ことが重要なポイントであるため、販売価格を下げる必要性が低いといえます。そのため、そこそこ売れるBランク商品は、利益額が大きくなる傾向があります。

　一方、Cランク商品は、売上も利益も小さい傾向があるため、品揃えからカットする候補に挙がります。しかし、品揃えの豊かさを演出できているのはCランク商品のおかげです。単純に売上や利益の金額だけで商品カットを判断すると、売場の魅力を損なうリスクがあるため要注意です。

　なお、Bランク商品は、"そこそこ"売れている点がポイントです。売り方を工夫すれば、Aランク商品に成長する可能性があります。例えば、ライバル店がチラシで特売しているBランク商品があれば、ライバル店に負けない販売価格にすることで大きく売上を伸ばすことができるかもしれません。その場合、利益額が小さくなるかもしれませんが、新しい主力商品をつくることができます。Aランク商品のアイテム数が少ないと感じている時の対策として覚えておきましょう。

ABC売上分析のやり方

　ＡＢＣ売上分析の作業は、ここで紹介する手順通りに進めていけば、数分で終わります。いろいろなお店で活用されている分析手法であり、とても簡単なので覚えておきましょう。

ABC売上分析の流れ

① 分析したい期間の商品別ＰＯＳデータを準備する

② 商品の売上金額が多い順にＰＯＳデータを並べ替えて集計する

③ 商品ごとの売上構成比を計算する（商品÷売上合計×１００＝売上構成比）

④ 売上構成比を売上が多い順に累積していく

⑤ 累積合計の70％を超えた商品をＡランク、90％がＢランク、残りをＣランクと書き込む

利益を生む商品を把握して
重点的に販促しよう

KEYWORD
ABC
利益分析

戦略的に利益アップが狙える

　ＡＢＣ売上分析は主力商品を把握できましたが、利益金額を使ったＡＢＣ分析をすると、利益が出る商品を把握できます。本章のテーマは、売上アップにつながるデータ分析ですが、利益がなければ経営が成り立ちません。儲かる利益商品を把握しておけば、ＰＯＰを作成して販売促進をしたり、たくさん売れる主力商品の近くに陳列したりするなど、戦略的に利益アップを狙うことができますので、ＡＢＣ売上分析と一緒に、ＡＢＣ利益分析にも取り組みましょう。

利益率だけでなく売れる量にも注目しよう

　ＡＢＣ利益分析で把握できる利益商品とは、利益率の高い商品ではなく、儲けが大きい商品のことです。利益率と儲けの考え方はとても大切なので、ここで説明しておきます。
　まず、利益率とは、販売価格に対する利益の割合です。利益率の求め方は、下記の式となります。

> 利益金額　÷　販売価格　×　100　＝　利益率（％）

　なお、利益金額は「販売価格 － 仕入価格＝利益金額」で求めることができます（利益金額は、粗利額とも呼びます）。
　利益率が高い商品を売ると儲かりそうな感じがしますが、利益率を高く設定した商品は、販売価格も高くなるのが一般的です。販売価格が高い商品は簡単に売れないため、販売数量が少なくなり、儲けも小さくな

ります。逆に利益率は低くても、販売数量が多い商品のほうが、売れた個数分だけ儲けが増えていきます。

　例えば、類似している商品Aと商品Bがあり、仕入価格も同じ500円だとします。商品Aは儲けるために利益500円を上乗せして販売価格を1,000円にしたとします。この商品Aの利益率は50％もあります。一方、商品Bは利益を100円だけ上乗せして販売価格600円にしました。この商品Bの利益率は約17％です。もし、高い商品Aが1個売れて、安い商品Bが10個売れたとしたら、商品Aの利益金額は500円、商品Bの利益金額は1,000円です。たくさん売れた商品Bのほうが、儲けが大きくなります。

　つまり、

> 売れた個数　×　利益金額　＝　儲け

という考え方が大事なのです。利益商品とは、単純に利益率が高い商品ではないことにご注意ください。

利益商品の考え方

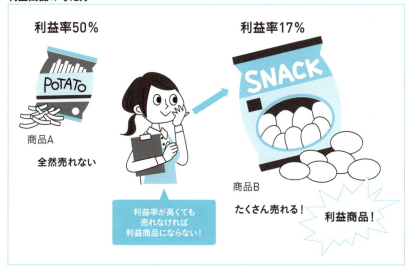

ABC利益分析のサンプル

品名	売上	利益	利益構成比	累積利益構成比	ランク
豆腐	61,612	15,242	22%	22%	A
キャベツ	55,222	12,179	17%	39%	A
鮭弁当	20,036	11,013	16%	55%	A
たまご	209,764	6,293	9%	64%	A
ロースカツ弁当	18,724	5,617	8%	72%	A
唐揚弁当	15,918	3,094	4%	76%	B
お米	505,613	3,057	4%	81%	B
納豆	30,540	3,359	5%	86%	B
ロースカツ　サンドイッチ	10,461	2,243	3%	89%	B
ミネラルウォーター	23,357	1,869	3%	91%	C
・・・	・・・	・・・	・・・	・・・	C
合計	1,000,000	70,000	100%	100%	

利益商品をしっかり把握する！

うちの店では豆腐やキャベツが利益商品だから積極的に売ろう。

利益Aランク商品はお客様に積極的に提案しよう

　ＡＢＣ利益分析で把握できたＡランク商品は、利益の70％をつくる利益商品です。ＡＢＣ売上分析と同じ考え方で、お店の利益を増やしたい時は、この利益Ａランク商品の販売数量アップを狙えば効率的です。

　利益Ａランク商品は、売上Ａランク商品の近くに陳列して、お客様の目に入りやすい工夫をすれば、一緒に買ってくれるお客様が増えるかもしれません。さらに、ＰＯＰなどの販促強化も併せて行えば、より一層効果的です。できることなら、手書きＰＯＰでひと手間かけて、商品価値の高さを演出したいところです。

これは補足ですが、パソコンでつくったＰＯＰやプライスカードは見た目がキレイですが、どこか無機質な要素が残りがちです。手書きＰＯＰは、「手書きの味わい」「スタッフの雰囲気」「お客様への気持ち」が表現されるため、販売数量アップに大きく貢献します。利益商品は、ぜひ手書きＰＯＰでお客様に提案したいところです。

効果的な利益Ｂ・Ｃランク商品の展開方法

　利益Ｂランク商品は、工夫次第でもっと儲けを増やせる可能性があります。例えば、ほんの少し販売価格を下げることで販売数量が大幅にアップするならば、商品の利益率が下がったとしても儲けが増やせるかもしれません。逆に、販売価格を高くしても販売数量が落ちない可能性もあります。その場合には、値上げした分だけ利益金額が増えていきます。

　また、利益Ｃランク商品の大半は、利益率が高くても販売数量が少ない傾向があります。特定のお客様が買っているケースが多く、販売数量を増やして利益アップを狙うのは難しいかもしれません。売場の品揃えとしての重要度を考えたうえでカット商品の候補にするか、売れた時に多少でも利益が増えるように販売価格をなるべく高く設定していきましょう。

難しくないＡＢＣ利益分析

　ＡＢＣ利益分析のやり方は、ＡＢＣ売上分析の売上金額を利益金額に置き換えて、同じ手順・同じ作業を行うだけです。ＡＢＣ売上分析と一緒にＡＢＣ利益分析を行えば、効率的にデータ分析ができます。

一言メモ

販売数量を使ったＡＢＣ数量分析という手法もあります。発注数量や在庫数量の調整を考える時にも役立ちますが、次のテーマで紹介するクロスＡＢＣ分析で具体策を考える時に本領を発揮します。

商品の売上と利益を成長させよう

KEYWORD
クロスABC分析

売上と利益の視点で分析すると課題がわかる

　ここまで解説してきた売上、利益、販売数量を使ったＡＢＣ分析は、１つの視点から商品を評価しています。しかし、売上はＡランクなのに、実は利益がＣランクで儲けがない……といったケースが多々あります。このようなケースでは、売上と利益を一緒に評価しないと、問題点に気付くことができません。クロスＡＢＣ分析とは、売上と利益、売上と販売数量、利益と販売数量など、２つの視点から評価できる手法なのです。

クロスABC分析のイメージ

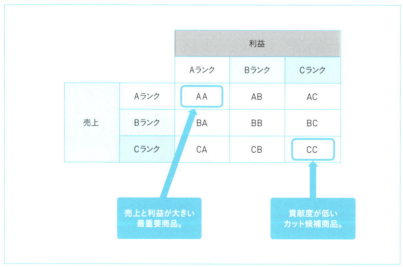

クロスABC分析のやり方

　他のデータ分析の本では、クロスＡＢＣ分析を説明する時に、左記の図のような「クロスＡＢＣ分析のイメージ」に商品名称などを入力していくケースが多いようです。

　ただ、これはデータ分析の作業ではほとんど活用されません。どちらかといえば、プレゼン向きのスタイルです。データ分析の作業で多用する形式は、下記の図のような「ＰＯＳデータ上のクロスＡＢＣ分析イメージ」を参照してください。

POSデータ上のクロスABC分析イメージ

品名	売上ランク	利益ランク	売上・利益ランク
お米	A	B	AB
たまご	A	A	AA
豆腐	B	A	BA
キャベツ	B	A	BA
納豆	B	B	BB
ミネラルウォーター	B	C	BC
鮭弁当	B	A	BA
ロースカツ弁当	C	A	CA
唐揚弁当	C	B	CB
ロースカツ　サンドイッチ	C	B	CB

2つのABCランクを組み合わせる。

　このイメージ図を見れば、分析作業でやるべきことは一目瞭然です。

　２つのＡＢＣ分析の結果を組み合わせるだけです。注意点としては、左側は売上ランク、右側は利益ランクと左右の並びを統一しておくことです。このルールを守っておけば、一目で商品の評価ができるようになります。

　なお、エクセルを使って、クロス分析結果の並べ替えをすると"ＡＡ→ＡＢ→ＡＣ→ＢＡ→……→ＣＣ"の順番に並べることができ、効率的に分析結果を参照できるようになります。

商品を成長させるステップがわかる

　クロスＡＢＣ分析の基本的な考え方として、ＡＡランク→ＡＢランクとＢＡランク→ＢＢランクの順に、上位グループが存在していると評価します。ＡＡランクは最も評価が高いため、特に問題はありません。注目するべきポイントは、ＡＢランク、ＢＡランク、ＢＢランクです。いきなり、ＢＢランクからＡＡランクまで商品を成長させることは難しそうですが、ＡＢランクやＢＡランクからＡＡランクにできる可能性はありそうです。

　そこで、仮にＡＢランクの売り方を調整してＡＡランクを目指すとしましょう。

　まず、この事例におけるＡＢランクの商品とは、売上金額は大きいけれども利益貢献度は大きくない主力商品です。ＡＡランクに成長させるためのポイントは、Ｂランク評価になっている利益だとわかります。つまり、販売数量アップや利益率アップなど、利益を増やす具体策を考えていけば良いのです。

　なお、ＢＢランクは、ＡＢランクやＢＡランクへの成長を目指します。ＡＢランクやＢＡランクに成長できれば、次はＡＡランクを目指すステップを考えることができるのです。

クロスABC分析で次の一手が見える

		利益		
		Aランク	Bランク	Cランク
売上	Aランク	AA	AB	AC
	Bランク	BA	BB	BC
	Cランク	CA	CB	CC

商品を成長させるステップが見える！

利益アップを狙う戦略がわかる

　利益と販売数量のクロスＡＢＣ分析は、利益アップを狙う戦略を具体的に考えやすいためオススメです。

　まずは、利益×販売数量クロスＡＢＣ分析のイメージ図を見てください。

利益・販売数量クロスABC分析のイメージ

　「たくさん売ることで儲けを出している商品」と「利益率の高い商品」の２種類に利益Ａランクの全商品が含まれるため、利益の70％以上をつくっていることがわかります。前者のパターンでは、販売数量はＡランクと優秀なため、販売価格の値上げや仕入価格の値下げ交渉など、利益率アップにつながる具体策を考えます。

　後者のパターンは、さらに販売数量アップができる可能性があるため、販売価格の値下げや陳列場所の工夫、ＰＯＰなどの販促強化を考えていきます。また、ＢＢランク商品は、利益率アップと販売数量アップの両方で打つ手が見つかれば、ＢＡランクやＡＢランクに成長させることができます。

　このようにクロスＡＢＣ分析を行うことで、強み（ＡまたはＢ）を伸ばすか、それとも弱み（ＢまたはＣ）を克服するかの方向性を決定できます。

売れて儲かる最適な価格を決めよう

KEYWORD 販売価格分析

販売数量が最も多くなる価格は?

　ＡＢＣ分析の解説のなかで、「販売価格の調整で販売数量アップを狙う」という話が出ましたが、販売価格の変更はそう簡単に決められるものではありません。販売価格を上げすぎると売れなくなり、逆に下げすぎると儲けがなくなります。そこで、ＰＯＳデータから最適な販売価格を見つけ出す分析方法をご紹介します。

　基本的な考え方は、販売価格と販売数量の推移グラフと、販売価格と利益の推移グラフを作成し、販売数量と利益がともに大きくなる販売価格を見つけ出すというものです。

　まず、以下の販売価格と販売数量の推移グラフを見てください。

販売価格と販売数量の推移

6週目の88円の時、販売数量が一番多い。

週次	1週	2週	3週	4週	5週	6週	7週	8週	9週	10週
販売価格	96	119	119	119	82	88	87	88	91	91
販売数量	12	12	5	10	30	45	31	35	44	31

119円で販売していた時は販売数量が少なかったのに、5週目で82円にすると一気に販売数量が伸びています。そして、6週目の88円の時が、一番販売数量が大きいことがわかります。この結果から、販売価格を下げることで販売数量が大きく伸びることや、逆に、販売価格を下げ過ぎても販売数量がアップするとは限らないことがわかります。

　さて、このグラフだけを見ていると、6週目の88円で販売価格を決定してしまいそうになりますが、利益金額の推移もチェックしなければなりません。次に、販売価格と利益の推移グラフを見てください。

販売価格と利益の推移

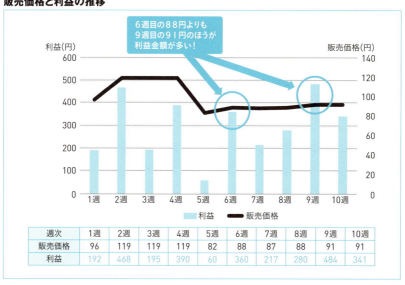

　すると、6週目の88円で販売した時ではなく、9週目の91円で販売した時のほうが、利益金額が大きいことがわかります。念のため、9週目の販売数量を確認すると、6週目と同じくらい売れています。つまり、この商品は91円で販売すれば、たくさん売れて、儲けが一番大きくなることがわかります。

　このように販売価格を調整することで、販売数量と利益がともに大きくなるポイントを簡単に見つけることができます。そのため、クロスA

ＢＣ分析でＡＢランク、ＢＡランク、ＢＢランクに入る商品に対して、販売価格の調整が有効か否かを判断する時にとても便利な分析手法なのです。

　なお、先ほど紹介した「販売価格と利益の推移」のグラフを見ると、２週目は119円と販売価格が高くて、利益金額が大きいことが気になる人も多いと思います。販売価格119円で販売数量を伸ばせたら利益金額が大幅にアップしそうですが、119円では買ってくれるお客様が少なかったのです。つまり、お客様に喜ばれる価格ではなかったことがわかります。値下げをしたことで多くのお客様が買ってくれるようになった事実を大切に考えれば、91円のほうがさらに販売数量を伸ばして利益金額がアップしていくと期待できるのです。

週次POSデータで見ることが大事

　ここで紹介している販売価格分析は、週次ＰＯＳデータで分析することをオススメします。その理由は、月次POSデータで確認できる販売価格は、1カ月間の平均値だからです。月次POSデータの販売価格は、売上金額合計を販売数量合計で割り算して平均値を求めているため、実際に販売した値段と異なるケースが多いのです。チラシ掲載するような特売商品は、1カ月間に何度も販売価格が変わることが多いため、月次POSデータでは販売数量と利益の変化を見逃してしまいます。そこで、変化を読み取りやすくするために、短い期間で区切っている週次POSデータの単位で分析していきます。

販売価格分析をする対象商品を絞り込もう

　サンプルの推移グラフは、一見すると難しそうに感じるかもしれませんが、実は初歩的なエクセルの操作で簡単につくれます。しかし、アイテム数が多いお店では、全品の推移グラフをつくろうとすると、作業が膨大になってしまうため、クロスＡＢＣ分析などで分析対象の商品を絞り込んでおきましょう。

具体的なエクセルの操作は本章の最後で解説しますので、ここでは作業の流れを理解しておいてください。

販売価格分析の流れ

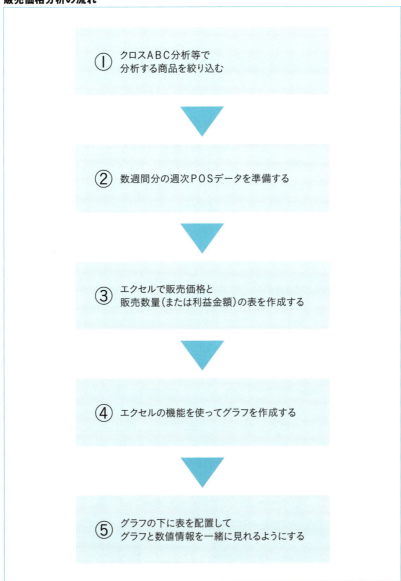

商品ごとに異なる「売れる時期」と「売れない時期」

KEYWORD
トレンド分析

季節や流行などに売れ行きが左右される商品

　商品の中には、販売価格だけでなく、行事や催事、季節、流行など、いろいろな要因の影響を受けて販売数量が増減するものがあります。第4章60ページ「季節が売上に与える影響を調べよう」でも、売上全体の季節変動について解説をしていますが、ここでは商品単位の変動を読み取るトレンド分析について解説していきます。

　トレンド分析の基本は、商品分類単位（または特定の商品）の販売数量を使って、1年間の時系列グラフにして、売れる時期と売れない時期の傾向を把握することです。

ビールとチューハイと日本酒のトレンド分析

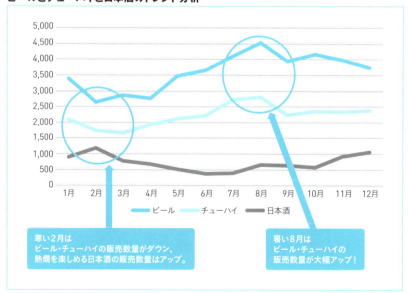

サンプルの折れ線グラフは、ビールとチューハイと日本酒についてトレンド分析をしたものです。1年間の販売数量の推移をグラフ化することで、ビールとチューハイは暑い8月にたくさん売れて、寒い2月にはあまり売れないという結果が明確に出ています。また、2月はビールとチューハイの販売数量が少なくても、熱燗で楽しめる日本酒の販売数量が大きくなっていることもわかります。

最も売れる時期に向けて準備ができる

　わかりやすいサンプル事例にしているため、データ分析するまでもない……と感じる人もいるかもしれません。しかし、トレンド分析を活用する時は、販売数量が上昇し始めるタイミングと下降し始めるタイミングを的確にとらえておくことが大切です。

　例えば、ビールは8月が最も売れますが、8月に入ってから売場を広げても、いきなり販売数量が大幅アップすることはありません。ビールのグラフをよく見ると、暖かくなりだす5月に少し上昇し、7月からグッと販売数量が伸びていることがわかります。つまり、5月から少しずつ売場を強化し、7月に入る前には大きく売場を展開して8月を迎えたほうが良いのです。

　このような売場展開をすると、来店したお客様に"このお店はビールがお買い得"といった印象を与えることができます。すると、5月から徐々にビール購入客を増やしていき、最も売れる8月には大幅に販売数量がアップすることが期待できます。

　つまり、最も売れる時期に向かって上昇し始めるタイミングと、最も売れない時期に向かって下降し始めるタイミングを見極めることで、売上アップにつながる準備ができるようになります。ただ単に売れる時期と売れない時期だけならデータ分析をするまでもなく、過去の経験から知っている人も多いはずです。しかし、売場準備の最適なタイミングは、経験だけでは的確に把握しづらいため、ぜひトレンド分析を活用してみてください。

トレンド分析は販売計画づくりで役立つ

　商品単位で行うトレンド分析は、実は販売価格分析とよく似ています。違う点を挙げるとすれば、月次ＰＯＳデータを使用していること、販売価格の推移をグラフ化しないこと、１年間で変動をチェックすることの３つです。

　この３点が違うことで、よく似た分析手法でも得られる情報が全く異なります。販売価格分析では、売れる販売価格や儲かる販売価格を調べているのに対して、商品単位のトレンド分析では、商品が売れる時期と売れない時期を調べているのです。

　商品単位のトレンド分析は、クロスＡＢＣ分析でＡＡランク〜ＢＢランクの商品に対して、売り方を変えるタイミングを見極めたり、在庫数量の調整を計画する時に有効です。

トレンド分析は売場づくりにも役立つ

　トレンド分析は、分析したい商品分類や商品について、１年間の販売数量データを収集できれば、エクセルで簡単につくれます。とても簡単なので、一度だけでも全ての商品分類についてトレンド分析しておきましょう。各商品分類のトレンド傾向を把握してから売場をつくる経験すれば、カラダと感覚で売場づくりのタイミングでわかるようになります。

　売れる時期と売れない時期がわかるとお店の販売計画をつくる時にたいへん役立ちます。販売計画づくりでは、行事、イベント、季節等に合わせた売場づくりや販売強化する商品を決めていきます。トレンド分析をしておけば、その時期に売るべき強化商品が販売計画から漏れることはありません。また、売れる時期に向けて販売数量が上昇していくタイミングから売場準備の施策を盛り込んでおけば、レベルの高い販売計画をつくれます。売り逃しをせず、最大限の売上アップを目指すために、販売計画をつくる際にはトレンド分析を活用してみてください。

トレンド分析の流れ

 1年間の月次POSデータを準備する

 分析したい商品分類について
販売数量を集計（合計）する

 エクセルで商品分類・月度が軸の表を作成し、
販売数量の数値を入力する

④ エクセルの機能を使ってグラフを作成する

売れる時期がわかると
売り場づくりや在庫調整などに
役立てられます。

一言メモ
商品単位でトレンド分析する時は、
②の作業は不要なため、読み飛ばしてください。

エクセル操作ガイド（ABC分析など）

ABC分析のエクセル操作（その1）

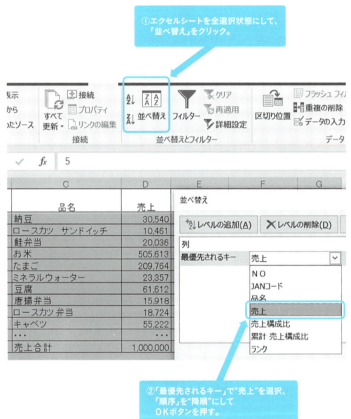

ABC分析のエクセル操作(その2)

③売上構成比を求める。

④累積売上構成比の1つ目は売上構成比をコピーする。

`=F2+E3`

品名	売上	売上構成比	累積売上構成比
お米	505,613	51%	51%
たまご	209,764	21%	=F2+E3
豆腐	61,612	6%	
キャベツ	55,222	6%	
納豆	30,540	3%	
ミネラルウォーター	23,357	2%	
鮭弁当	20,036	2%	
ロースカツ弁当	18,724	2%	
唐揚弁当	15,918	2%	
ロースカツ サンドイッチ	10,461	1%	
・・・	・・・	・・・	
売上合計	1,000,000	100%	

⑤2つ目の累積構成比の求め方は、
1つ目の累積売上構成比セル ＋ 2つ目の売上構成比セル

⑥3つ目以降は、
2つ目の行をコピー&ペースト。
最後にセルの書式設定を
パーセント表示にする。

※利益と販売数量の集計も、同じ手順で数値データに変換できる

ABC分析のエクセル操作（その3）

C	D	E	F	G
品名	売上	売上構成比	累積売上構成比	ランク
お米	505,613	51%	51%	A
たまご	209,764	21%	72%	A
豆腐	61,612	6%	78%	B
キャベツ	55,222	6%	83%	B
納豆	30,540	3%	86%	B
ミネラルウォーター	23,357	2%	89%	B
鮭弁当	20,036	2%	91%	B
ロースカツ弁当	18,724	2%	92%	C
唐揚弁当	15,918	2%	94%	C
ロースカツ サンドイッチ	10,461	1%	95%	C
･･･	･･･	･･･	･･･	C
売上合計	1,000,000	100%	100%	

⑦累積構成比70％に達した範囲までを「A」、次に90％に達した範囲までを「B」、残りを「C」の記号を入力。

ランク別に色分けしてセルを塗りつぶすとパッと見ただけで商品の評価ができます。ちょっとしたひと手間で、分析結果が読みやすくなるのでオススメです。

※利益と販売数量のＡＢＣ分析も、同じ手順で作成できる

クロスABC分析のエクセル操作

	fx	=D2&E2		
	C	D	E	F
	品名	売上ランク	利益ランク	売上・利益ランク
	お米	A	B	=D2&E2
	たまご	A	A	
	豆腐	B	A	
	キャベツ	B	A	
	納豆	B	B	
	ミネラルウォーター	B	C	
	鮭弁当	B	A	
	ロースカツ弁当	C	A	
	唐揚弁当	C	B	
	ロースカツ サンドイッチ	C	B	

①売上・利益ランクの場合、
　売上ランクセル　＆　利益ランクセル

※「＆」で文字列を組み合わせることができる

②他の行はコピー&ペースト。

現場で分析をする時は、
この操作だけで十分役立ちます。

エクセル操作ガイド（販売価格分析）

販売価格分析のエクセル操作（その1）

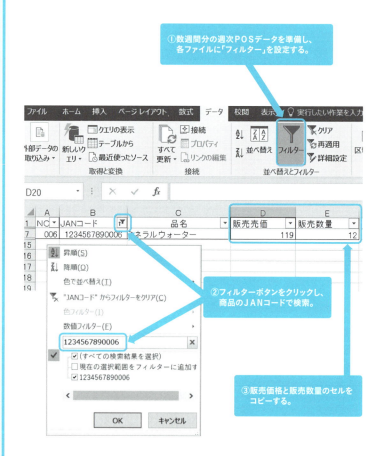

販売価格分析のエクセル操作(その2)

④エクセルの新規ファイルを作成する。

⑤新規ファイルにコピーした販売価格と販売数量を順番に貼り付けていく。

⑥販売価格・販売数量のセルを全て選択して、グラフ作成ボタンをクリックする。

販売価格分析のエクセル操作(その3)

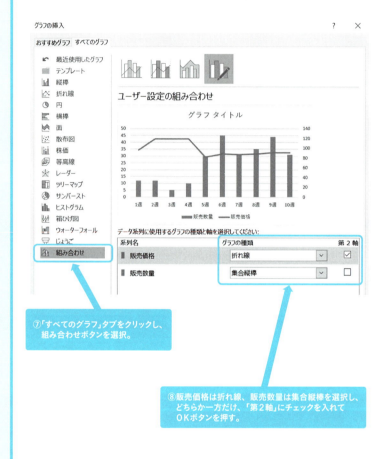

⑦「すべてのグラフ」タブをクリックし、組み合わせボタンを選択。

⑧販売価格は折れ線、販売数量は集合縦棒を選択し、どちらか一方だけ、「第2軸」にチェックを入れてOKボタンを押す。

販売価格分析のエクセル操作（その４）

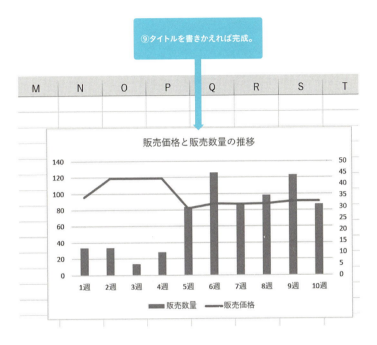

⑨タイトルを書きかえれば完成。

※利益を使った販売価格分析とトレンド分析も、同じ手順で作成できる

プレゼンで使用する時は色を工夫して見やすくしましょう。

他のお店と比較してみる

　自分のお店のデータばかり分析していると見落としがちになるのが、他のお店との比較をする視点です。例えば、複数店舗を展開しているグループであれば、立地条件や店舗規模などが似た他店舗の売れ筋商品、新商品、季節商品を把握することで"売り逃し"をチェックしやすくなります。また、他店舗のほうがよく売れている場合、自分のお店との違いについて、品揃え、売場、販促、スタッフ、立地環境など多角的な視点で書きだしてみるのも良いでしょう。お店の強み・弱みを明確にできるヒントが得られるかもしれません。

　もう1つの視点として、ライバル店が強化している品揃えを把握して、差別化できる品揃えにしていく戦略もあります。その地域で1つしかお店がない…という環境は少ないと思いますが、お客様は買い物の目的に合わせて、複数のお店を使い分けているケースが多いでしょう。ライバル店と差別化された品揃えをすることで、お客様に選んでいただける要因をつくることも視野に入れていきましょう。

　筆者の場合、ライバル店が強化している商品を購入し、美味しさ、食べた満足感、お買い得感など、自分なりの尺度で評価します。また、気分転換を兼ねてインターネットで、色々な商品のクチコミ情報を個人のブログでチェックしたりしています。

　自分のお店だけを分析していても、「本当にお客様のニーズに対応できているのか？」を判断することは困難です。他のお店やお客様の本音を知ることで、貴重なマーケティング情報が得られ、データ分析にも役立ちますので実践してみください。

第6章

ワンランク上のデータ分析

売れ筋と一緒に購入されている商品を見つけよう

KEYWORD バスケット分析

より詳細な購買傾向がわかる

　バスケット分析のバスケットとは、買い物する時に使う"カゴ"を指します。バスケット分析とは、カゴに一緒に入った商品を分析する手法のことです。一緒に購入される商品は、関連購買や同時購買など、いろいろな呼び方がありますが、本書は併買商品と呼びます。

　さて、ＡＢＣ分析やトレンド分析ではＰＯＳデータを使ってきましたが、バスケット分析はレシートデータを使います。ＰＯＳデータを使ったデータ分析は意外と簡単に作業できるものばかりでしたが、このバスケット分析はデータ整備に手間がかかるため、ちょっと大変です。しかし、バスケット分析をすると、お客様の購買傾向を知る手掛かりがたくさん得られます。近い将来、お店のデータ分析の主流になる可能性がありますので、ぜひトライしてみてください。

バスケット分析のイメージ

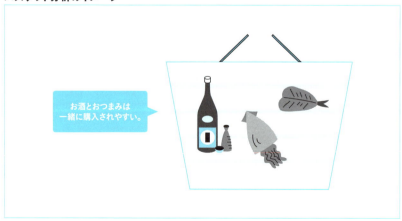

一緒に購入される商品を並べて売上アップ

バスケット分析は、一緒に購入された併買商品を調べて、それら商品の組み合わせについて、関連性の強さを探ります。

わかりやすく解説すると、商品Aと商品Bは、"たまたま一緒に購入したお客様がいた"だけなのか、それとも"一緒に購入するお客様が多い"のかを調べるのです。一緒に購入するお客様が多い商品Aと商品Bは、同じ売場に陳列すれば、それまで商品Aだけを買っていたお客様が、商品Bも一緒に買ってくれるかもしれません。つまり、お客様の購買傾向をつかんで、売上アップにつなげていくことができるのです。

ちなみに、通販サイトで「この商品を買ったお客様は、次の商品も買っています」とオススメ商品を提案してくれる機能がありますが、このオススメ商品の提案にはバスケット分析が活用されています。

バスケット分析の考え方

まず、バスケット分析の計算式をご紹介します。

> 併買率　÷　併買された商品の購買率　＝　リフト値

この式だけでは、併買率、購買率、リフト値と聞きなれない言葉が3つも並んでいて、意味がわかりづらいと思いますので順に説明していきます。

まずは、併買された商品の購買率についてです。"併買された商品"とは、基準となる商品Aと一緒に購入された"商品B"のことです。そして購買率とは、全バスケットに対して、商品Bが入ったバスケットの割合のことです。具体例として、日本酒（商品A）を基準とし、一緒に購入された珍味（商品B）の購買率を求めてみましょう。

次のページで紹介しているバスケットのイラストを見てください。

日本酒と併買された珍味の購買率は？

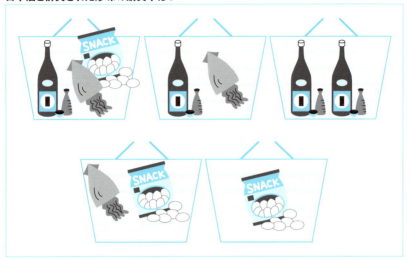

　バスケットは全部で5個、そして併買された商品である珍味が入っているバスケットの数は3個です。
　併買された商品の購買率は、

> **併買商品のバスケット数÷全バスケット数×100＝購買率（％）**

上記の式となるため、3÷5×100＝60％です。
　では、次に併買率を求めてみましょう。
　併買率とは、基準となる商品Aのバスケット数に対する、商品Aと商品Bが一緒に購入されたバスケット数の割合です。先ほどのイラストを見ると、基準となる日本酒と珍味が一緒に入っているバスケットの数は2個あります。
　併買率は、

> **基準商品と併買商品が入ったバスケット数÷　基準商品のバスケット数×100＝併買率（％）**

上記の式であり、2÷3×100＝67％（四捨五入）です。

これで併買率と併買された商品の購買率が計算できましたので、最初に紹介した式でリフト値を求めます。

> 67%（併買率）÷　60%（購買率）＝1.1（リフト値）

併買率と購買率に慣れるまでは、ややこしくて頭が混乱するかもしれませんが、落ち着いて1つずつ計算していくことが大事です。

さて、バスケット分析でリフト値を求めましたが、最後にリフト値の意味について理解していきましょう。リフト値をわかりやすく説明すると、基準商品Aと併買商品Bが一緒に購入される"バスケットの発生頻度"を表した指標です。数値は大きければ大きいほど、発生頻度が多いと評価します。一般的には、リフト値が「1」を超えると発生頻度が多くて関連性が強いと考え、リフト値が「1」未満だった場合は、基準商品Aと併買商品Bに関連性はなく、たまたま一緒に購入されたと評価します。

併買商品のイメージ

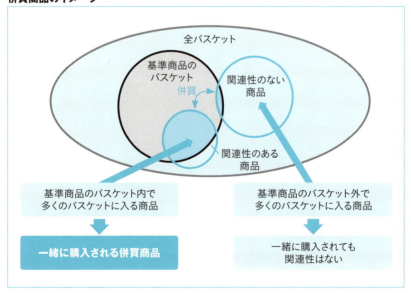

販売数量Aランクの商品を優先的に分析しよう

　バスケット分析には、一緒に買ってもらえる商品を探せるメリットがあります。ただし、全アイテムのバスケット分析を行うには、作業ボリュームが膨大でとても大変です。しかも、あまり売れない商品について分析しても、売上アップへの貢献度が低いでしょう。

　そこで、まずＡＢＣ数量分析で販売数量Aランクの商品を把握し、Aランクの基準商品を探すバスケット分析を行います。この場合、多くのお客様が買っている商品であるため、売上アップへの大きな貢献が期待できます。また、強化したい商品分類が決まっている場合は、その商品分類だけのＰＯＳデータに絞り込んでからＡＢＣ数量分析を行います。そうすれば、その商品分類で最も集客力のある商品と一緒にお客様が買っている併買商品を調べることができます。このように販売数量の多い商品を基準にすることが、売上アップを期待できるバスケット分析につながっていきます。なお、本書ではＡＢＣ数量分析に基づいて基準商品を決めていく手法を説明していますが、もちろん基準商品は自由に決めて構いません。ＡＢＣ数量分析で基準商品を決める場合は、前提として"現在、お店の売上を支えてくれている顧客層にもっと買い物してもらう"ことで効率的に売上アップを狙う考え方があります。

売れていない商品分類からヒントが得られる場合もある

　ちなみに、新しい顧客層をつかむためのヒントが欲しい場合は、今はあまり売れていない商品分類と売場のほうが価値ある情報を得られることもあります。売れていない商品分類と売場から基準商品を決めることは簡単ではありませんが、1つの方法としてお店がターゲットにしたい顧客層を明確にすることから始めてみてください。そして、その顧客層が買ってくれそうな商品を具体的にイメージできれば、それがバスケット分析をする価値が高い商品である可能性が高いといえます。たとえ商品の売上は小さくても、ターゲットの顧客層が買う商品を知ることがで

きるため、品揃えや売場づくりの大きなヒントになります。

　「現在メインの顧客層で売上アップを狙う場合はＡＢＣ数量分析のAランク商品」、「新しい顧客層をつかむ場合はその顧客層が買ってくれそうな商品」。この2つの基準商品の決め方を覚えておけばバスケット分析を活用しやすくなります。

販売数量Aランクの商品をバスケット分析しよう

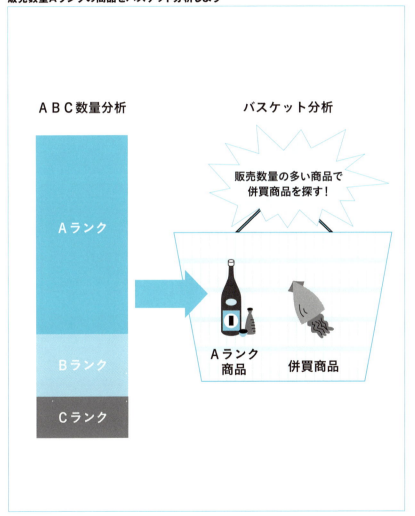

レシートデータから併買商品を見つける

　併買商品を決める手順としては、基準商品が購入されているバスケットのなかで、販売数量の多い商品から順に検討していくと効率的です。この販売数量が多い商品は、基準商品と一緒に購入されたバスケット数も多くて、併買率が大きくなる傾向があります。リフト値が「１」を超えるためには、併買率が大きくて、購買率が小さい商品を発見することが重要です（リフト値が「１」を超える商品は関連性が強い）。

　さて、具体的な作業としては、全てのレシートデータから、基準商品が入ったレシートデータだけ抜き出します（このレシートが、"バスケット"です）。次に、基準商品だけのレシートデータを集計して、販売数量の多い併買商品から分析する商品を決定します。

レシートデータを分析しよう

バスケット分析のやり方

慣れるまでは、ややこしくて手間がかかるバスケット分析は、データ処理を間違えないように注意深く作業を進めていきましょう。なお、このバスケット分析をマスターすると、第7章以降の"顧客分析"が簡単にできるようになります。ぜひ、頑張ってトライしてください。

バスケット分析の流れ

① 基準商品を決定し、1カ月分のレシートデータを準備する

② 基準商品が購入された、全てのレシートデータにチェックを入れる（基準商品のバスケット）

③ 基準商品のバスケットから、分析したい併買商品を決定する

④ 併買商品が購入された、全てのレシートデータにチェックを入れる（併買商品のバスケット）

⑤ 全バスケット（全レシート）と基準商品・併買商品のバスケットを数える

⑥ リフト値の計算をする

視点を変えて売上アップのヒントをつかもう

KEYWORD グルーピングを使った分析

350mlと500mlのビールが売れる時期が違う!?

第３章38ページ「個々の商品を大きな括りで分類しよう」で、グルーピング作業について説明しましたが、ここではグルーピングを活用したデータ分析のサンプル事例をご紹介します。

グルーピングしたＰＯＳデータで分析する一番のメリットは、今まで気づかなかった新しい発見を得られる可能性があることです。例えば、缶ビールの場合は、ＡＢＣ分析で売れ筋商品を把握したうえで、「特売価格」と「大量陳列」で売上アップを目指していくケースが多いですが、ここで新しい視点で売上分析をするために"容量"のグルーピングを活用してみます。

下記のグラフは、容量別に缶ビールの売上金額の推移を分析したサンプルです。

容量別でみた缶ビールの売上推移

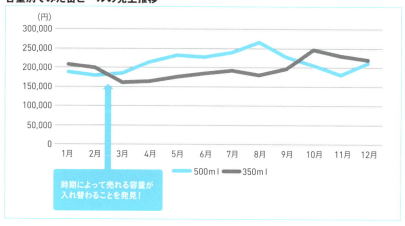

時期によって売れる容量が入れ替わることを発見！

すると、このサンプル店舗では、3月から9月までは500ml缶のほうがたくさん売れて、10月から2月までは350ml缶のほうがたくさん売れていることがわかります。暖かくなりだす春頃から一度にたくさん飲める500ml缶の売れ行きが伸び始めて、暑い夏のシーズンには500ml缶の売上がピークになっていることが容易に想像できます。また、気温の変化に合わせてビールを飲む量が増えていく傾向を数値化できていることもポイントです。この分析結果から、缶ビールの売場では3月から500ml缶をメインにした売場づくりを行い、10月から350ml缶をメインにした売場に変更するという具体的なアイデアも出てきます。容量別のグルーピングで分析したおかげで、商品別のＰＯＳデータを眺めているだけでは気づかない発見があったわけです。

　大切なポイントは、"視点を変えた分析をしている"ことです。今まで説明してきた分析手法がそのまま応用できるため、難しいエクセル操作を必要とされているわけでもありません。グルーピング作業に時間はかかりますが、売上アップにつながる貴重な分析結果を得られる可能性が高いというメリットがあります。

色々なグルーピングの視点を試してみよう

　前述のサンプル事例では、容量別の売上分析をしたことで、"お客様が飲みたいサイズ"について、ニーズの変動を把握できています。容量ではなく、違う視点・特徴でグルーピングをすれば、さらに新しい発見が出てくるでしょう。このようにグルーピングの視点を変えていくことで、多角的な売上分析ができるようになります。

　商品分類単位や商品単位でのＰＯＳデータ分析が主流でしたが、お客様のライフスタイルが多様化したことで、今までとは違う、新しい視点のデータ分析も必要とされています。この点において、グルーピングはたいへん役立ちますので覚えておいてください。

エクセル操作ガイド（バスケット分析など）

バスケットの数え方（その1）

バスケットの数とは、レシート番号の数のことです。まずは、基準商品（または併買商品）が入ったレシート番号の数を数えます（次ページの一言メモで全バスケットの数え方も解説します）。

①レシートデータにフィルターをセットしJANコードで基準商品だけを表示する。

レシート番号一覧表

	A	B
1	レシート番号	基準商品バスケット
2	12341111	1
3	12341113	1

②新規ファイル「レシート番号一覧表」を作成し、レシート番号をコピー＆ペーストします。次に、「基準商品バスケット」の列を作成して、全て「1」と入力しておく。

バスケットの数え方(その2)

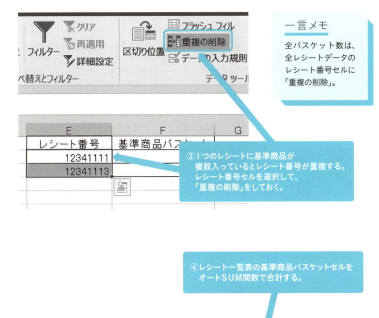

一言メモ
全バスケット数は、全レシートデータのレシート番号セルに「重複の削除」。

③1つのレシートに基準商品が複数入っているとレシート番号が重複する。レシート番号セルを選択して、「重複の削除」をしておく。

④レシート一覧表の基準商品バスケットセルをオートSUM関数で合計する。

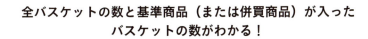

全バスケットの数と基準商品（または併買商品）が入った
バスケットの数がわかる！

基準商品と併買商品が一緒に入ったバスケットの数え方（その1）

基準商品と併買商品が一緒に入っているバスケットを数えるためには、両者の共通しているレシート番号を数えることになります。エクセル関数を使えば、簡単に数えることができます。

①基準商品と併買商品のレシート一覧表データを下記のように一枚のシートに張り付け、基準商品バスケット列の隣に「併買商品バスケット」の列をつくる。

	A	B	C	D	E	F
1	①	②	③		④	⑤
2	レシート番号	基準商品のバスケット	併買商品バスケット		レシート番号	併買商品バスケット
3	12341111	1			12341113	1
4	12341112	1			12341115	1
5	12341113	1			12341118	1
6	12341114	1			12341120	1
7	12341115	1			12341124	1
8	12341116	1			12341123	1
9	12341117	1			12341137	1
10	12341118	1				
11	12341119	1				
12	12341120	1				
13	12341121	1				
14	12341122	1				
15	12341123	1				
16	12341124	1				
17	12341125	1				

※説明をわかりやすくするため、各項目に①〜⑤の番号を付けている

基準商品と併買商品が一緒に入ったバスケットの数え方（その2）

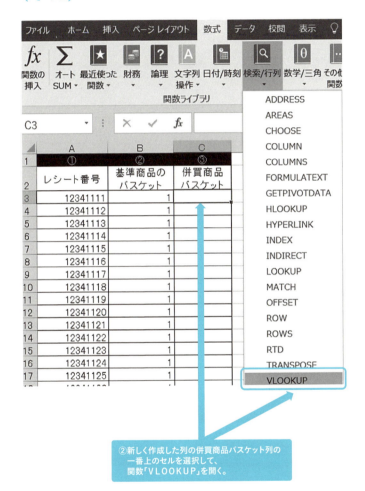

②新しく作成した列の併買商品バスケット列の一番上のセルを選択して、関数「VLOOKUP」を開く。

基準商品と併買商品が一緒に入ったバスケットの数え方（その3）

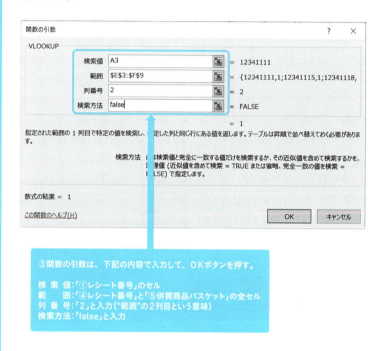

③関数の引数は、下記の内容で入力して、OKボタンを押す。

検 索 値：「①レシート番号」のセル
範　　囲：「④レシート番号」と「⑤併買商品バスケット」の全セル
列 番 号：「2」と入力（"範囲"の2列目という意味）
検索方法：「false」と入力

＜参考＞

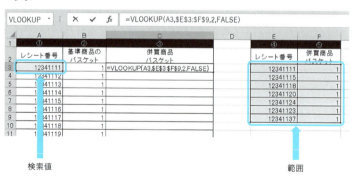

基準商品と併買商品が一緒に入ったバスケットの数え方（その4）

④関数式を全てのセルにコピー&ペーストすると、「1」と「#N/A」のいずれかが表示される。なお、「#N/A」の値は全て削除する。

	A	B	C	D	E	F
1	①	②	③		④	⑤
2	レシート番号	基準商品のバスケット	併買商品バスケット		レシート番号	併買商品バスケット
3	12341111	1	1		12341111	1
4	12341112	1	#N/A		12341115	1
5	12341113	1	#N/A		12341118	1
6	12341114	1	#N/A		12341120	1
7	12341115	1	1		12341124	1
8	12341116	1	#N/A		12341123	1
9	12341117	1	#N/A		12341137	1
10	12341118	1	1			
11	12341119	1	#N/A			
12	12341120	1	1			
13	12341121	1	#N/A			

うわっ　変な表記がでてきた。

落ちついて削除すればOKです。

基準商品と併買商品が一緒に入ったバスケットの数え方（その5）

⑤「③併買商品バスケット」の「1」をオートSUM関数で合計した結果が、基準商品と併買商品が一緒に入ったバスケットの数。

このシートで
基準商品・併買商品のバスケット数も
一緒に数えることができる

**基準商品と併買商品が
一緒に入ったバスケットの数がわかる！**

リフト値の計算方法

全てのバスケット数がわかったら、最後にリフト値を計算します。しかし、リフト値の計算はややこしいため、下記のような計算フォーマットを作成しておくと便利です。

	A	B	C	D
1				
2		基準商品		日本酒●●
3		併買商品		イカ珍味
4				
5		①	全バスケット数	30
6		②	基準商品のバスケット数	14
7		③	併買商品のバスケット数	7
8		④	基準商品・併買商品のバスケット数	6
9				
10		⑤	併買率(④÷②)	42.9%
11		⑥	購買率(③÷①)	23.3%
12				
13		⑦	リフト値(⑤÷⑥)	1.8

入力欄

⑤⑥⑦のそれぞれに入力する数式は、

⑤：　④の値セル　÷　②の値セル(書式設定：パーセント)
⑥：　③の値セル　÷　①の値セル(書式設定：パーセント)
⑦：　⑤の値セル　÷　⑥の値セル(書式設定：数値)

販売数量の多い併買商品を探す(その1)

ここでは"併買商品の決め方"で説明していた、「基準商品が入ったバスケットから、販売数量の多い商品を探す」場合の、エクセル操作について説明していきます。
なお、途中までは118ページからのエクセル操作ガイドとほぼ同じ作業プロセスですが、割愛するとわかりづらいため、一連の流れで解説していきます。

①レシートデータにフィルターをセットしJANコードで基準商品だけを表示する。

E	F	G
レシート番号	JANコード	品名
12341111	1234567890001	基準商品
12341113	1234567890001	基準商品

レシート番号一覧表

	A	B
1	レシート番号	基準商品バスケット
2	12341111	1
3	12341113	1

②新規ファイルにレシート番号をコピー&ペーストし、基準商品バスケットの列を作成して、全て「1」と入力しておく。

販売数量の多い併買商品を探す(その2)

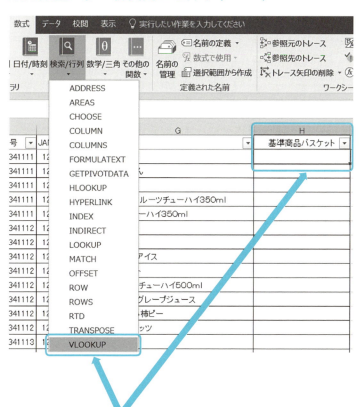

③レシートデータにも「基準商品バスケット」の列をつくり、一番上のセルを選択した状態で、関数「VLOOKUP」を開く。

販売数量の多い併買商品を探す(その3)

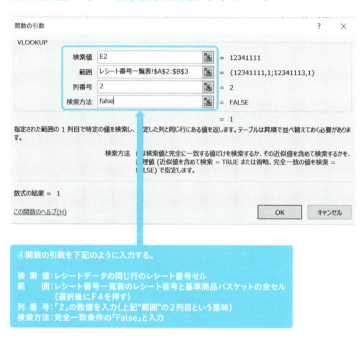

④関数の引数を下記のように入力する。

検 索 値:レシートデータの同じ行のレシート番号セル
範　　囲:レシート番号一覧表のレシート番号と基準商品バスケットの全セル
　　　　（選択後にF4を押す）
列 番 号:「2」の数値を入力(上記"範囲"の2列目という意味)
検索方法:完全一致条件の「False」と入力

販売数量の多い併買商品を探す(その4)

⑤関数の引数を入力し終わったら、全てのセルにコピー&ペースト。

E	F	G	H
レシート番号	JANコード	品名	基準商品バスケット
12341111	1234567890001	基準商品	1
12341111	1234567890002	カップうどん	1
12341111			1
12341111	1234567890004	グレープフルーツチューハイ350ml	1
12341111	1234567890005	レモンチューハイ350ml	1
12341112	1234567890007	梨	#N/A
12341112	1234567890008	タバコA	#N/A
12341112	1234567890009	クラッシュアイス	#N/A
12341112	1234567890010	チョコレート	#N/A
12341112	1234567890011	低カロリーチューハイ500ml	#N/A
12341112	1234567890012	イタリアングレープジュース	#N/A
12341112	1234567890013	たまらない柿ピー	#N/A
12341112	1234567890014	カシューナッツ	#N/A
12341113	1234567890015	食パン	1
12341113		基準商品	1
12341113	1234567890017	熟成三元豚ステーキ	1

⑥基準商品が入っているレシート番号に、「1」と「#N/A」が表示される
(「#N/A」は全て削除しておく)。

販売数量の多い併買商品を探す(その5)

⑦フィルターで「1」をチェックする。

レシート番号	JANコード	品名	基準商品バスケット
12341111	1234567890001	基準商品	1
12341111	1234567890002	カップうどん	1
12341111	1234567890003	発泡酒A	1
12341111	1234567890004	グレープフルーツチューハイ350ml	1
12341111	1234567890005	レモンチューハイ350ml	1
12341113	1234567890015	食パン	1
12341113	1234567890001	基準商品	1
12341113	1234567890017	熟成三元豚ステーキ	1
12341113	1234567890018	おろしトンカツ弁当	1
12341113	1234567890010	チョコレート	1
12341113	1234567890020	朝食用ウインナー	1
12341113	1234567890021	日本酒 生貯蔵	1
12341113	1234567890022	塩辛100g	1

基準商品が入ったレシートデータだけに絞り込み完了

ふう、やっと終わったね。

次ページから本格的に分析します。

販売数量の多い併買商品を探す(その6)

基準商品バスケット(基準商品が入ったレシートデータだけ)を作成しても、商品別に集計された状態ではないため、販売数量の多い商品がわかりません。
そこで、ピボットテーブル機能を使って、商品別に販売数量の集計をします。

※ピボットテーブル機能を難しく感じるかもしれないが、関数式の操作よりも簡単なツール

①フィルターは「1」にチェックした状態で挿入の「ピボットテーブル」をクリック。

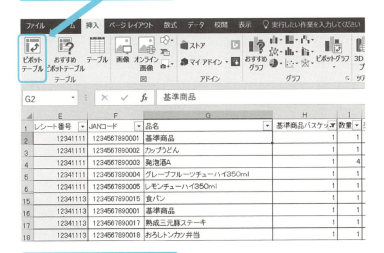

②「ピボットテーブル作成」ウィザードが開いたらOKを押す。

販売数量の多い併買商品を探す（その7）

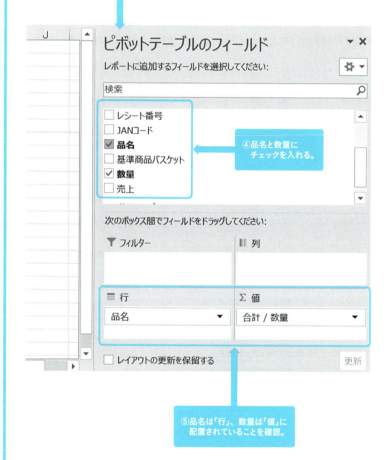

販売数量の多い併買商品を探す(その8)

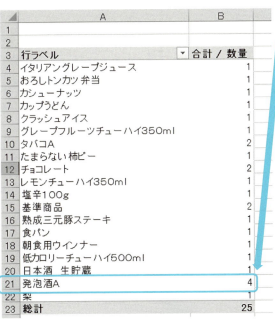

⑥エクセル画面の左側を見ると、商品別に販売数量が集計されている。

基準商品バスケットで販売数量が多い商品がわかる

売場スペース生産性分析で
効率的な利益アップ

COLUMN

　本書では、商品と顧客を軸にしたデータ分析について説明していますが、もう1つ、経営者視点のデータ分析ともいえる手法があります。それが、スペース生産性分析です。

　スペース生産性分析とは、「どの売場スペースでどのくらいの利益を出しているのか？」を把握する分析です。

　基本的な計算方法は、次のとおりです。

> **ある売場の利益額÷ある売場の坪数＝売場スペース生産性**

　つまり、坪当たり何円の利益を出しているかを調べています。なお、上記の"売場の利益額"を"売場の売上高"にして分析することもあります。

　この分析のメリットは、各売場の適切な売場面積を判断できることです。利益が少ないのに売場面積が広い売場は、生産性が低い売場だと考えて面積を狭くし、逆に利益が多いのに売場面積が狭い売場を広げていくことを考えます。これは、お店の売場がダイナミックに変化するため、大きな効果が期待できるアプローチです。また、売場スペース生産性が低い売場を把握し、その売場の商品と顧客をデータ分析して生産性アップを目指せば、効率的に利益アップの対策を行えます。

　各売場の陳列商品と坪数を調べる必要があるため、簡単にできる分析ではありませんが、ぜひトライしてみてください。

第 **7** 章

顧客の購買行動を分析しよう

顧客の購買パターンから売り場づくりを考える

KEYWORD
顧客分析

より多くの顧客を満足させよう

　第4章から第6章までは売上アップにつながる"商品"の分析をしてきましたが、第7章では"顧客を知る"ためのデータ分析を説明します。

　さて、顧客を知るということは、顧客の購買パターンを読み取ることです。顧客の購買パターンがわかれば、売上アップにつながる売場づくりのヒントをたくさん得ることができます。もちろん、第4章から第6章で紹介したデータ分析も売場づくりのヒントを得られますが、大きな違いは、この"顧客の購買パターン"にあります。

　例えば、ABC分析はビールが販売数量1,000本の売れ筋商品であることがわかっても、そのビールは「1本だけ買う人が多いのか」、それとも「2本以上買う人が多いのか」など、購買パターンまでは読み取れません。もし「2本以上買う人」が多いとすれば、「2本以上買う人」が買いやすい売場にしたほうが良いことはいうまでもありません。多数の顧客に絞り込んでからデータ分析をすることで、より高い顧客満足につながる情報を得られるメリットがあります。

顧客分析はレシートデータを活用して行う

　顧客分析は、顧客の購買結果の1件1件を記録したレシートデータを使用します。POSデータは商品別に売上・販売数量・利益が集計されているため、特定の顧客（以下、特定顧客）についてデータ分析ができないからです。一方、レシートデータは条件に一致するレシートに絞り込むことができるため、特定顧客についてデータ分析ができるのです。

顧客分析のイメージ

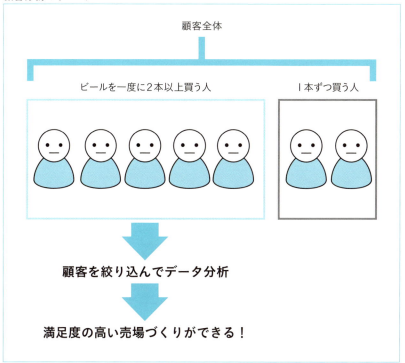

全顧客と特定顧客の違いを見つけよう

　特定顧客に絞り込んだデータ分析をする時、同時に全顧客に対しても同じ分析をすることをオススメします。全顧客と特定顧客の分析結果を比較すれば、購買パターンの違いがわかります。この違いが特定顧客の特徴であると判断できるからです。

　例えば、先ほどのビールの事例の場合、２本以上買う人の客単価が3,000円だと分析できたとします。しかし、この"3,000円"という結果だけでは、客単価の良し悪しを評価できません。そこで、全ての顧客を対象にした分析を行い、お店の平均的な客単価を調べます。その結果、仮に客単価1,500円という結果であれば、２本以上買う人は客単価が高いと判断できます。これは単に比較分析しているのではなく、まず"全体

（全顧客）"を把握したうえで、"部分（特定顧客）"の中から、売上全体に対する影響度が大きい顧客を探しているのです。そのため先の事例において、全顧客の客単価が5,000円だった場合には、2本以上買う人は客単価が低く、売上全体への影響は小さいと判断し、他の新しい顧客を探すことを考えます。

全体と比較して客単価を判断しよう

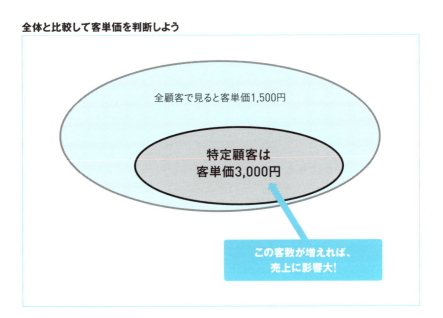

顧客の顔が見えるID－POSの顧客分析

　お店の顧客分析で有名なものに、ID－POS（アイ・ディー・ポス）があります。ポイントカード等で顧客IDを発行し、顧客一人ひとりの購買行動をデータ化できる仕組みです。つまり、POSデータの"いつ・どのお店で・どの商品が・何個・何円で売れた"に、「誰に（が）」の情報が追加されるのです。

　一般的にPOSデータを活用した顧客分析というと、このID－POSを思い浮かべる人が多いでしょう。ID管理すれば、顧客1人あたりの平均来店回数や1カ月間の買い物金額がわかるなど、たいへん有用な

情報が得られます。

　ＩＤ管理していないＰＯＳシステムでも、レシートデータであれば1件1件の買い物データを把握できますが、同じ顧客が買ったレシートだけをまとめることはできません。この点が大きな違いであり、ＩＤ管理していないＰＯＳシステムの場合は、購買パターンや商品・商品分類等でレシートデータをまとめることになります。

　なお、ＩＤ－ＰＯＳを使っても、膨大にあるレシートデータから何らかの傾向をつかめるように加工処理しなければ、売場づくりや販売促進に活用できるヒントの発見は困難です。そのため、ＩＤ－ＰＯＳを利用しているお店においても、本書で紹介している各種分析を行い、商品ニーズの傾向や購買パターンを読み取ることが必要です。

ID-POSと一般的なPOSデータの違い

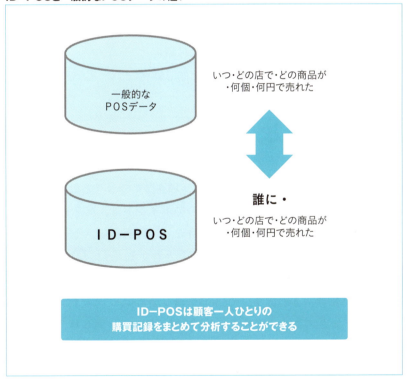

ID-POSは顧客一人ひとりの購買記録をまとめて分析することができる

顧客を分析する方法はたくさんある

KEYWORD
顧客分析の3つの切り口

行動パターンを知るために顧客を絞り込もう

　レシートデータは、1件1件の買い物データの集まりだからこそ、購買パターンを読み取ることができます。しかし、最初に顧客（レシートデータ）を絞り込む条件を決めなければ、その顧客の購買パターンを知ることはできません。

　まずは、主な顧客を絞り込む"切り口"を紹介します。

> 1．来店する曜日・時間帯が同じ顧客
> 2．買い物する金額や購入点数が同じ顧客
> 3．購入する商品や商品の組合せが同じ顧客

　上記の3つ以外にも、レシートデータに性別や世代のデータがある場合は、30代女性・20代男性など、性別・世代別の分析が可能になり、たいへん貴重な情報を得ることができます。

　主な切り口だけでも3つありますが、顧客分析では「どの切り口を使うのか？」がポイントになります。このポイントは、第2章26ページ「手順に沿って行うのがデータ分析のキモ」で説明している"データ分析の目的"を考えるクセが身につけば、自然とわかるようになります。

　例えば、「お酒と同時に購入されやすい商品を調べて、一緒に並べる」が目的の場合は、③の切り口で"お酒を買う顧客"のレシートデータに絞り込みます。このように絞り込んだデータを使って、第6章で紹介したバスケット分析をすると、同時に購入されている商品を調べることができます。

レシートデータは、データ量がたいへん多いため、作業時間も長くなります。そのため、データ分析の目的に合った切り口で、効率的に作業を進めていくことが大切です。

ある商品を買う顧客がたくさん来店する時間帯がわかる

前述した顧客を絞り込む3つのポイントは、切り口であると同時に、購買パターンを読み取る分析の切り口でもあります。謎かけのようですが、"お酒を買う顧客"のレシートデータに絞り込んだ後、お酒を買う顧客がたくさん来店する時間帯を調べるためには、"①来店する曜日・時間帯"の切り口でデータ分析します。

少し紛らわしいですが、顧客の絞り込みと購買パターンの読み取りは、常にこの3つの切り口から考えていくと覚えておけば良いでしょう。

顧客を絞り込む切り口と購買パターンを読み取る切り口

① 来店する曜日・時間帯
② 購入する商品や商品の組合せ
③ 買い物する金額や購入点数
（データがある場合は、性別・世代の切り口を追加）

全顧客 → お酒を買う顧客 → 購買パターン

常に3つの切り口で分析していく！

一言メモ
レシートデータの内容は、お店・企業によって異なります。記録・データ化されている情報は切り口として使えるため、自分のお店のレシートデータをチェックし、他にも有効な切り口はないか調べてみましょう。

曜日と時間帯で顧客を絞り込もう

KEYWORD 客数推移グラフと客数分布表

来店客数の多い曜日・時間帯がわかる

　ここでは曜日・時間帯で顧客を絞り込む分析手法について説明しますが、最初に曜日別・時間帯別の客数分析で得られる情報について触れておきます。

　さて、お店の営業時間が、朝10時から夜20時までの10時間だったとします。そのお店で1日の客数が100人だった場合、どの時間帯も10人ずつ来店していると考えるのは非現実的です。どのようなお店でも、必ず来店客数が多い時間帯と少ない時間帯の偏りが出てきます。また、月曜日から日曜日までの1週間を考えても、来店客数が多い曜日と少ない曜日の偏りが出てくるでしょう。

　このような来店客数の偏りを把握しておけば、商品の補充・陳列を行う時間帯や販売促進を強化する時期など、売上アップにつながる販売計画を考えることができます。

　また、来店客数が多い曜日・時間帯がわかれば、「なぜ、その曜日・時間帯に客数が多いのか？」を考えることもできます。例えば、17時までの日中の時間帯に客数が多いお店は、近隣に住んでいる専業主婦が今夜の食材を買いに来ているかもしれません。また、19時以降の時間帯に客数が多いお店は、仕事帰りのＯＬ・サラリーマンに愛用されているのかもしれません。このように買い物する時間帯から読み取れる情報は、顧客のライフスタイル推測にも役立つのです。

曜日・時間帯で来店する顧客像が変わる

　お店に来店してくれる顧客を思い浮かべた時、その顧客のタイプは1つだけでしょうか。おそらく、複数の顧客のタイプをイメージしていると思います。つまり、お店には色々なタイプの顧客が来店しているはずなのです。先ほど、顧客のライフスタイル推測について少し説明しましたが、顧客のタイプによって来店する曜日・時間帯が異なっている可能性は考えられないでしょうか。

　平日は主婦が一人で買い物に来るかもしれませんが、土日祝になると夫婦・家族で買い物にするケースは多いでしょう。主婦一人で買い物する時は必要最低限の食材や安い商品を購入するのに、夫婦・家族で買い物する時は珍しい商品や高級品を購入しているかもしれません。この推測のように購買パターンが違うとすれば、平日は主婦層が多く、土日祝はファミリー層が多いなど、主な顧客が異なることになります。

　このように来店する曜日・時間帯によって顧客が異なる可能性があるため、第7章140ページ「顧客を分析する方法はたくさんある」で、顧客を絞り込む切り口として紹介しています。

曜日によって主な顧客が変わる？

曜日別・時間帯別の客数分布表をつくってみよう

何の手掛かりもないまま、特徴的な顧客が存在している曜日・時間帯を探すのは困難です。そこでオススメするのは、曜日別・時間帯別の客数分布表を作成することです。

曜日・時間帯別の客数分布表サンプル

曜日・時間帯別客数分布表		曜日							計
		月	火	水	木	金	土	日	
時間帯	10時〜	0.7%	0.6%	0.7%	0.9%	0.9%	1.2%	0.6%	5.6%
	11時〜	1.3%	1.8%	1.9%	1.4%	1.3%	1.4%	1.9%	10.9%
	12時〜	0.5%	1.3%	0.9%	1.3%	1.1%	1.4%	1.0%	7.5%
	13時〜	0.8%	1.4%	0.9%	1.0%	0.6%	1.7%	1.0%	7.4%
	14時〜	0.7%	0.6%	1.5%	0.4%	0.7%	0.7%	1.1%	5.8%
	15時〜	0.7%	0.8%	1.0%	1.0%	1.2%	1.2%	1.1%	7.0%
	16時〜	1.6%	1.2%	1.1%	1.4%	1.4%	1.9%	1.4%	10.0%
	17時〜	1.6%	2.1%	1.7%	2.1%	1.8%	1.6%	1.0%	11.8%
	18時〜	1.9%	2.3%	1.8%	1.9%	1.7%	2.6%	1.3%	13.5%
	19時〜	1.7%	2.0%	1.4%	2.1%	1.5%	1.7%	1.2%	11.5%
	20時〜	1.1%	0.8%	1.4%	1.3%	1.8%	1.2%	1.3%	9.0%
計		12.7%	14.9%	14.2%	14.7%	14.1%	16.4%	12.9%	100.0%

土曜日の18時〜19時が、一番客数が多いことまでわかる。

客数の多い曜日と時間帯。

客数分布を元に具体的な顧客像を考えましょう。

サンプルのように、横軸が曜日で縦軸に時間帯の表を作成し、客数構成比を入れた客数分布表を作成します。この分布表があれば、実際に客数が多かった曜日と時間帯が一目でわかり、さらに"どの曜日のどの時間帯"に客数が多いのか？まで調べることができます。

　サンプルの事例であれば、ランチ前は11時〜12時に客数が多く、16時から20時までの時間帯に客数が多い傾向がわかります。また、特に土曜日の18時〜19時は、１週間で一番客数が多い時間帯であることが把握できます。このような曜日・時間帯別の客数分布を把握しておけば、タイムセールの実施や試食販売を行うタイミングを検討しやすくなります。

　さて、ここでテーマにしていることは、単に客数が多い曜日・時間帯を把握して販売促進に活用することではありません。重要なことは顧客を探すことです。例えば、この客数分布表から得られた情報を"顧客の違い"という視点で考えた時、11時〜12時はランチ用の食材を買いに来た顧客、一方16時〜20時は夕食用の食材を買いに来た顧客だと考えることができます。この時点では11時〜12時の顧客と16時〜20時の顧客が異なる顧客だと言い切ることはできませんが、このような視点が客数分布表から顧客を探す手掛かりになります。

時間帯別の客数推移グラフをつくってみよう

　客数分布表の客数構成比を見ているだけでは、客数分布の傾向を正しく把握できない可能性があります。そのため、時間帯別の客数データや曜日別の客数データをグラフ化しておきましょう。

　例えば、サンプルのような客数推移グラフは、極端に客数が増える時間帯が明確にわかります。すると、その時間帯にだけ来店している特徴的な顧客が存在している可能性を推測できます。グラフ化の重要性について何度か説明していますが、この一手間で得られる情報に大きな差が出るため徹底して分析しましょう。

グラフ化した時間帯別の客数推移

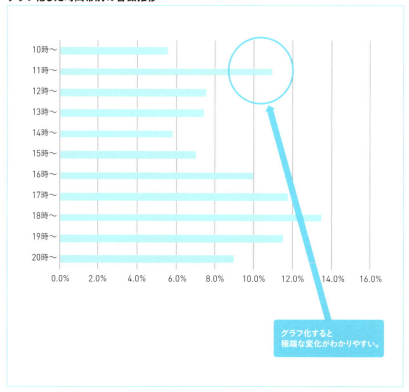

グラフ化すると
極端な変化がわかりやすい。

客数分布表を作成する流れ

　まず、レシートデータの中から客数を数えるためには、レシート番号を使います。第６章108ページ「売れ筋と一緒に購入されている商品を見つけよう」では、"レシート番号の数＝バスケット（買い物カゴ）の数"だと分析手法の名称に合わせて説明していましたが、実はバスケットの数と客数は同じなので混乱しないようにご注意ください。

　さて、具体的な手順は以下の通りです。レシートデータは曜日（または日にち）・時間・レシート番号の３つだけ残して他は削除します。後は、ピボットテーブルを使って曜日別・時間帯別の客数表を作り、客数構成比を計算するだけです。

客数分布表作成の流れ

① 一週間分のレシートデータを準備する

② 曜日（または日にち）・時間・レシート番号以外の情報は全て削除する

③ ピボットテーブルで曜日別・時間帯別の客数表をつくる

④ 客数から客数構成比を計算する

⑤ ③の客数表の数値を④の客数構成比に書き換える

一言メモ

レシート番号ではなく、売上・利益・販売数量を使うこともあります。売上データを使った場合は、曜日別・時間帯別の売上分布表となります。

購入金額・購入点数で顧客を絞り込む

KEYWORD
売上貢献度が大きい顧客を見つける

購買金額・購入点数が多い顧客がわかるメリット

　購買金額とは、顧客が一度の買い物で支払ったお金の合計であり、100円しか使わない人や5,000円以上使う人など、色々な購買金額のパターンが出てきます。

　さて、購買金額が少ない顧客と多い顧客は、果たして買い物の目的は同じでしょうか。購買金額が少ない顧客は、「今すぐ飲むドリンクを買った人」や「今すぐ食べる弁当を買った人」かもしれません。

　一方、購買金額が多い顧客は、「数日分の食材を買った人」かもしれません。つまり、買い物する目的の違いが、購買金額の違いに表れている可能性があるのです。また、購入点数も同様に考えることができます。

　しかし、ここでは買い物する目的を推測することが最優先ではありません。もっとシンプルに購買金額・購入点数が多い顧客に絞り込み、その購買パターンを把握することが重要なのです。購買金額・購入点数が多い顧客が増えれば効率的な売上アップにつながるため、何らかの傾向をつかむためのアプローチといえます。

購買金額・購入点数の違いは何を意味している?

購買金額・購買点数が少ない人	→	・今欲しい食べ物を買った ・買い忘れた食材を買った ・広告の品だけ買った　etc
購買金額・購買点数が多い人	→	・数日分の食材を買った ・高級品を多く買った ・商品をまとめ買いした　etc

購買金額・購入点数でグルーピングする

　購買金額は、顧客ごとにばらつきがあるため、完全に一致する金額で集計すると細かすぎます。例えば、1,000円買った顧客と1,010円買った顧客を厳密に区別する必要はなく、多くの人が約1,000円と考えるでしょう。そこで、購買金額については、1,000円～2,000円分の買い物をした顧客など、グルーピングすることで顧客を絞り込みます。また、購入点数についても同様に、0～5個買った顧客や5～10個買った顧客など、グルーピングして絞り込みます。

購買金額・購入点数の分布グラフで顧客を絞り込む

　顧客を探す際、購買金額・購入点数でグルーピングしたレシートデータで、客数・売上を集計したグラフをつくるとわかりやすくなります。

購買金額別の売上・客数

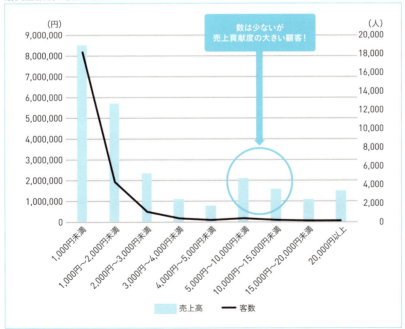

149ページのグラフをつくると、客数の分布状況だけでなく、売上貢献度も一目でわかります。サンプルのグラフを読み解くと、1,000円以下の買い物をする顧客が最も売上貢献度が高く、1,000～3,000円未満の買い物をする顧客も、客数は落ちますが売上貢献度は大きいです。つまり、1,000円以下の顧客を中心に、3,000円未満の買い物をする顧客がお店の売上を支えていることがわかります。

　しかし、グラフをよく見てみると、5,000～15,000円未満の買い物する顧客はわずかな客数で売上貢献度が大きいことに気づきます。この顧客のバスケット分析を行い、購買パターンを把握すれば、大幅な売上アップにつながる売場づくり・販売促進のアイデアが出てくるかもしれません。

　このようにお店を支える顧客とは異なる売上貢献度の大きい顧客を探せるメリットがありますので、ぜひ試してみてください。

最初は小さい単位でグルーピングする

　149ページの購買金額別の売上と客数のグラフ事例のグルーピングを見ると、5,000円未満までは1,000円単位なのに、5,000円以上は5,000円単位になっています。このように単位の変わるグルーピングは、事前に結果を見据えて作業しているわけではありません。最初にグルーピングする時は、1,000円単位でグルーピングを行い、グラフも作成しています。P139のグラフサンプルが1,000円単位で集計した結果ですが、5,000円以上買う顧客は売上貢献度が低い結果にしか見えません。

　グラフを眺めていると5,000円以上買う顧客は、1,000円単位のグルーピングでは客数・売上こそ小さいですが、一定数存在していることはわかります。また、購買金額が増えるほど1,000円単位は区切りとして小さすぎることがわかります。そこで、5,000円以上買う顧客についてグルーピングの単位を大きくすることを考えます。この時、最初に1,000円単位でグルーピングしておくと、5,000円単位に集計しなおす作業はとても簡単にできます。

1,000円単位でみた購買金額別の売上・客数

151

購買金額のグルーピング例

購買金額グループ	客数	売上高
1,000円未満	18,219	8,500,620
1,000〜2,000円未満	4,193	5,710,107
2,000〜3,000円未満	993	2,363,540
3,000〜4,000円未満	328	1,116,818
4,000〜5,000円未満	176	785,007
5,000〜6,000円未満	132	715,369
6,000〜7,000円未満	66	424,899
7,000〜8,000円未満	51	380,610
8,000〜9,000円未満	40	337,426
9,000〜10,000円未満	28	263,754
10,000〜11,000円未満	52	535,108
11,000〜12,000円未満	30	340,793
12,000〜13,000円未満	15	186,637
13,000〜14,000円未満	18	242,980
14,000〜15,000円未満	19	274,107
15,000〜16,000円未満	22	338,757
16,000〜17,000円未満	12	196,971
17,000〜18,000円未満	7	123,202
18,000〜19,000円未満	14	259,112
19,000〜20,000円未満	9	174,586
20,000円以上	62	1,483,413

購買金額グループ	客数	売上高
1,000円未満	18,219	8,500,620
1,000〜2,000円未満	4,193	5,710,107
2,000〜3,000円未満	993	2,363,540
3,000〜4,000円未満	328	1,116,818
4,000〜5,000円未満	176	785,007
5,000〜10,000円未満	317	2,122,058
10,000〜15,000円未満	134	1,579,625
15,000〜20,000円未満	64	1,092,628
20,000円以上	62	1,483,413

最初に細かい単位でグルーピングすると自在に単位を変更できる！

　逆に、最初に5,000円単位で大きくグルーピングしてしまうと、1,000円単位など小さくグルーピングしたい時、作業を最初からやり直すことになります。一度の分析作業で求めている結果に辿り着けることは少ないため、最初は小さい単位でグルーピングすることを心掛けてください。

購買金額別売上・客数グラフを作成する流れ

　顧客金額（または購入点数）別売上・客数グラフを作成するためには、レシートデータをグルーピングするデータ整備を最初に行います。データ整備した後、ピボットテーブルを使って集計し、グラフ化するだけです。今回は、ピボットテーブルを2回使うため複雑な印象になりますが、一瞬で処理できますので、手作業よりはるかに効率がいいです。

購買金額別売上・客数グラフ作成の流れ

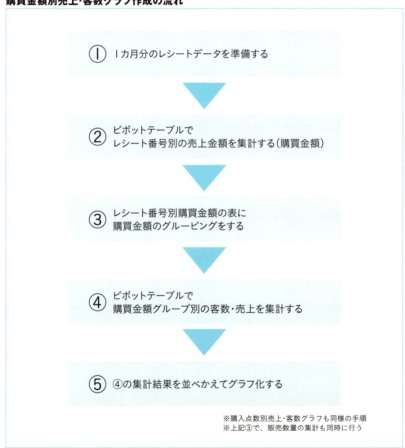

商品分類単位で顧客を絞り込む分析

KEYWORD
購買パターンの把握

商品分類単位のバスケット分析

　お店の売上アップを目指す時、多くの場合は商品分類単位で強化していくことを考えているでしょう。例えば、「デザート部門を強化したい」といった感じです。このような方針に沿って、効率的に売上アップを狙っていくには、"デザートを買う顧客"に絞り込んだデータ分析がたいへん役立ちます。

　ここまで読んで、第6章108ページ「売れ筋と一緒に購入されている商品を見つけよう」を思い出した人が多いのはないでしょうか。 実は、ここで説明する分析手法はバスケット分析の応用編です。

　バスケット分析は、ある1つの商品と一緒に購入されている併買商品を見つける手法でした。今回は、1つの商品を基準にするのではなく、商品分類単位を基準にしたバスケット分析をしていきます。その理由は、デザート部門を買う顧客全体の購買パターンをつかみたいからです。もちろん商品1つひとつの分析をすることも意味はありますが、分析対象が細かすぎるため、大きな視点で購買パターンを把握しづらいのです。まず、商品分類単位のバスケット分析で購買パターンを把握して、それから商品単位のバスケット分析で詳細に関連性を調べていく流れが良いでしょう。

　つまり、商品単位のバスケット分析は商品同士の関連性を調べるのに適しており、商品分類単位のバスケット分析は購買パターンを把握するのに適しているのです。

商品分類が同じモノを買う顧客がわかるメリット

　さて、「デザート部門を強化したい」という方針に対して、商品分類単位のバスケット分析で得られる情報について説明します。

　最初に分析しておくべきことは、デザート部門の商品を買った顧客（以下、デザート顧客）の客数、客単価、売上の3つです。後ほど説明しますが、この3つの分析数値を使ってデザート顧客の売上貢献度を評価することができます。

　次に、デザート顧客が一緒に購入している併買部門の売上構成比を調べることができます。売上構成比が大きい併買部門はデザート顧客が一緒に買う傾向が強いと判断でき、部門同士の関連性の強さを知ることができます。例えば、デザート顧客が一緒に購入する部門は、飲料、菓子、弁当など、商品分類単位で把握できます。この分析結果から、飲料売場、菓子売場、弁当売場にデザートコーナーを設置するなど、売場づくり等のヒントにつながっていきます。

　このように商品分類単位で併買部門を把握できるため、大きな視点で対策を考えられるメリットがあります。

デザート部門強化の方法は？

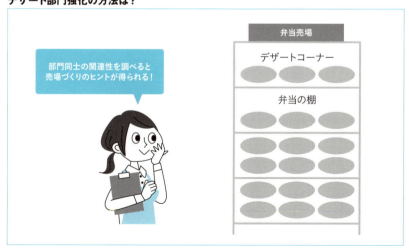

特定顧客の売上貢献度を評価する

　全顧客と比較して、デザート顧客の売上貢献度の大きさを評価しておくことはとても大切です。例えば、全顧客が客数1,000人、客単価1,000円、売上100万円のお店で、デザート顧客は100人、客単価1,500円、売上15万円だとします。この場合、デザート顧客の客数比率は10％（100人÷1,000人×100）、売上構成比は15％（15万円÷100万円×100）です。つまり、客数の視点では10％貢献しており、売上の視点では15％貢献していると考えます。

　客単価の大きさでも判断できますが、客数よりも売上の貢献度が５％大きいため、デザート部門を強化してデザート顧客を増やす価値はおおいにあると評価できます。逆に、デザート顧客の客数が少なく客単価も小さい場合は、他の顧客にターゲットを切り替えることも選択肢として考えておきましょう。

デザート顧客の売上貢献度は？

併買部門別の売上構成比表をつくる

デザート顧客の評価をした後は、デザート顧客のレシートデータだけで併買部門別の売上構成比を計算します。この説明だけではわかりづらいため、まずはサンプル表を見てください。

併買部門別の売上構成比表

商品分類	売上金額	売上構成比
弁当	498,404	26%
飲料	307,759	16%
惣菜	251,511	13%
菓子	245,151	13%
加工食品	172,846	9%
農産生鮮品	111,046	6%
パン	102,074	5%
お酒	99,116	5%
畜産生鮮品	68,887	4%
水産生鮮品	48,961	3%
冷凍食品	36,983	2%
デザート	572,018	―
合計	1,942,738	100%

> 基準となる部門は売上構成比が大きいのが当たり前なので除外。

この売上構成比表は、デザート部門と一緒に購入された"併買部門だけ"で売上構成比を計算し、構成比の大きい部門から順に並べたものです。デザート部門を買った顧客のレシートデータを集計しているため、当然ながらデザート部門の売上構成比が大きくなります。基準となる部門を含めると、併買部門の重要性がわかりづらくなるため、デザート部門は除外しています。

次に、この売上構成比表を使った円グラフを作成してみます。円グラフの面積の大きさで、重要度が高い併買部門が一目で判断できます。

円グラフ化した併売部門の売上構成比

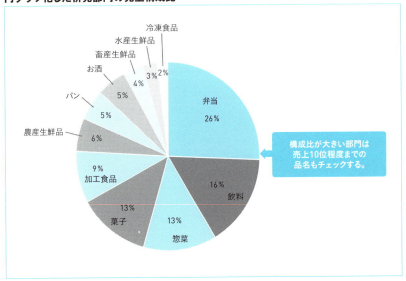

この円グラフを見ると、デザート部門と一緒に購入されやすい併買部門は"弁当部門"であることが把握できます。さらに、弁当部門の売上10位くらいまでの商品をチェックすると、具体的に売場づくりや販売促進のアイデアを思いつきやすくなります。

併買部門別の売上構成比表を作成する流れ

まず、レシートデータには商品分類が入っていないケースが多いため、商品分類単位のバスケット分析をする前に、商品分類を入力する一手間がかかります（商品分類を一覧表にまとめたデータがあれば、ＶＬＯＯＫＵＰ関数で簡単に処理できます）。

商品分類付レシートデータができれば、基準となる商品分類が購入されたレシートにチェックを入れて集計、売上貢献度を評価します。最後に併買部門別の売上構成比表を作成し、グラフ化して作業完了です。

併買部門別の売上構成比表作成の流れ

① 1カ月分のレシートデータと商品分類マスタを準備する

▼

② VLOOKUP関数でレシートデータに商品分類を入力する

▼

③ 特定顧客だけのレシートデータに絞り込む

▼

④ 顧客の売上貢献度を評価する

▼

⑤ 商品分類別の売上構成比を計算する

▼

⑥ ⑤の集計結果を並べかえてグラフ化する

購買パターン分析①
購入個数別の客数を調べよう

KEYWORD
購入個数別の客数分析

購買パターン分析は2つある

　第7章の前半では、顧客分析の基本的な考え方から顧客を絞り込む切り口とその手法について説明してきました。顧客分析の狙いは購買パターンを把握することですから、ここから具体的な購買パターンを把握する手法の説明をします。

　まず、本書では2つの"購買パターン分析"を紹介します。

　1つ目は、「商品Aを1個ずつ買うのか？　それとも2個ずつ買うのか？」など、商品を買った個数別の客数分析をします。買う個数が多い人はまとめ買いの傾向があり、少ない人は「1個で足りる」と必要な分だけ買っていることが推測できます。一度に買う商品の個数がわかると、陳列フェース数を決めるなど、売場づくりの参考になります。さらに、商品によっては消費の量や期間の推測にも役立ちます。例えば、発泡酒を一度にたくさん買う顧客の場合、その顧客はお酒が好きで1日にたくさんの量を飲むと考えられます。

　2つ目は、グルーピングで商品ニーズを把握する分析です。例えば、日本酒は甘口から辛口まで幅広い"味"があります。「そのお店で日本酒を買う顧客は甘口と辛口のどちらを買う人が多いのか？」がわかると、品揃え強化の方向性が決めやすくなります。

　この2つの分析と"顧客を絞り込む3つの切り口"を合わせた5つの視点で、顧客の購買パターンについて仮説を立てやすくなります。もちろん、この5つ以外の視点が必要になることもありますが、これらについても本書で紹介した分析手法の応用で対応できるはずです（2つ目は164ページを参照）。

購入個数別の客数比率を分析するメリット

　それでは、購買パターンの代表例として、商品を買った個数別の客数分析について説明します。まず、レシートデータそのままで分析しようとすると正確な結果が出ないことにご注意ください。その理由は、商品Ａを２つ買う顧客のレジ処理をする時に、"商品Ａを２個お買い上げ"と処理する場合と"商品Ａを１個と商品Ａを１個お買い上げ"と処理することがあるからです。

　つまり、スタッフのレジ操作のやり方次第でデータの内容が変わるのです。そこで、レシート番号ごとに商品を買った個数を集計する整備作業をしなければなりません。データ整備が面倒な印象ですが、ピボットテーブルを使えば、整備作業から集計まで簡単に処理できるので便利です。

発泡酒Ａで見る購入本数別の客数比率

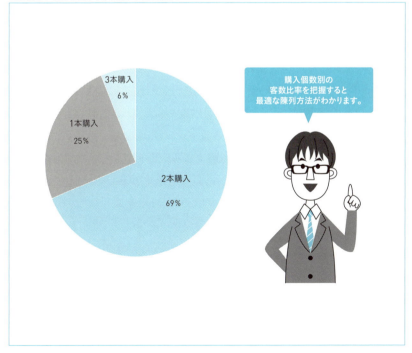

この円グラフは、発泡酒Ａの購入個数別で分析した客数比率を求めたものであり、発泡酒Ａは２本ずつ買う顧客が最も多いことがわかります。そのため、発泡酒Ａのフェース数は１列ではなく、２列以上にするなど、具体的な陳列方法までイメージしやすいと思います。また、販売促進の視点から見ると、２本ずつ買う顧客をターゲットにした"３本買うと安くなるキャンペーン"は効果的かもしれません。

　このように購入個数別の客数比率がわかると、顧客に満足してもらえる売場づくり・販売促進を考える場面でたいへん役立ちます。特定顧客が購入する全商品に対して分析するのは大変ですが、売上Ａランク商品（特定顧客のＡＢＣ売上分析）だけを分析しても大きな効果を期待できます。

　なお、160ページでも軽く触れていますが、購入個数別の客数分析は"消費の量と期間の推測"によって、顧客のライフスタイルについてイメージを膨らませていくことができます。顧客のライフスタイルが見えてくると、その顧客に喜ばれそうな品揃えや販売促進、さらに店の雰囲気や接客に至るまで具体的な対策を検討できます。しかし、ライフスタイルをイメージするといっても「何を考えるのか？」がわかりづらいため、161ページのグラフについて考察した一例を紹介しておきます。１本ずつ買う顧客の場合は、たくさんの量は飲めないが"たまには、お酒の雰囲気を楽しみたい人"だと想像できます。その理由は、一度に１本しか買わないためお酒は強くないと推察できること、さらに飲む機会が少ないからこそ余らないように１本だけ買う可能性が高いことです。次に２本ずつ買う顧客は、そこそこの量が飲めて"お酒を楽しむ機会が多い人"だと想像できます。お酒を楽しむ機会が多いと考えた理由は、リピート客が多いため客数比率69％と高い結果になったと推測しました。なお、参考までに6缶パックやケースで発泡酒Ａを買う顧客は、"毎日たくさん飲んで酔いたい人"です。飲む量と機会が多いため、まとめて安く買う傾向があります。このように、購入個数の違いによって、顧客のライフスタイルや特徴をイメージしていくことができます。

購入個数別の客数分析の流れ

　購入個数別の客数分析の流れは、分析したい特定顧客のレシートデータに絞り込んだ状態から説明します。ここまでのデータ分析手法の説明で、ピボットテーブルの使い方を覚えた人であれば、とても簡単に感じることでしょう。スキル面での注意点は特にありませんので、手順をしっかり理解しておけば大丈夫です。

購入個数別の客数分析の流れ

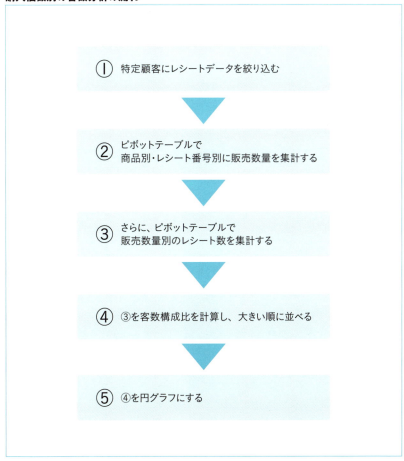

購買パターン分析②
顧客が求めている商品特徴を知る

KEYWORD
グルーピングによる
商品ニーズ分析

商品ニーズ分析でわかること

　ここでは160ページで軽く触れた、グルーピング活用の商品ニーズ分析について紹介します。最初に説明しておきますが、商品ニーズという言葉は抽象的であるため、色々な意味で受け取れます。そこで、本テーマにおける"商品ニーズ"の意味は、「顧客が求めている商品特徴の傾向」だとご理解ください。

　さて、第3章38ページ「個々の商品を大きな括りで分類しよう」でも説明をしていますが、商品やライフスタイルの多様化が進み、商品分類でデータ分析するだけでは商品ニーズがつかみづらくなっています。ここで大切なポイントは、「ライフスタイルが多様化している＝顧客が多様化している」ということです。そのため、1つの売場に異なるタイプの顧客が買いに来るようになったと考える視点が必要です。そして、異なるタイプの顧客が存在していることを確認する1つの手法が、このグルーピング活用の商品ニーズ分析なのです。

　「お店には色々なお客様が来店するのは当たり前だ！」と思われるかもしれませんが、お店側の対応として色々なお客様がそれぞれ買いやすい売場になっているでしょうか。この疑問を常に持ちながら、グルーピング活用の商品ニーズ分析に取り組んでみてください。

グルーピング活用の商品ニーズ分析

　顧客が求めている商品特徴の傾向を把握するためには、データ分析を行う前にグルーピング作業をしなければなりません。この時、「どのような商品特徴でグルーピングするのか？」が大事なポイントになります。

商品特徴は、メーカー、ブランド、容量、容器、デザイン、主原料、産地、フレーバー、味覚、健康の機能性、ターゲット層など、実に多くの項目が考えられます。グルーピングする項目は、お店や売場のコンセプトに基づいて選択していくため、一様にどの商品分類でどの商品特徴が最適なのかはいえません。

　また、1つの商品分類に対して、1つの商品特徴だけで商品ニーズの傾向を明らかにすることも難しいでしょう。そのため、多角的な視点で商品ニーズの傾向を分析していく必要があります。

　具体的なイメージをつかんでいただくため、チューハイ売場で行った商品ニーズ分析の事例を1つご紹介します。チューハイは、アルコール度数が低くて甘口の商品が多いイメージですが、最近は辛口で度数が高い商品が増えてきました。そのため顧客が多様化し、"高度数チューハイ"を買う顧客と"低度数チューハイ"を買う顧客が存在していると仮定します。この2タイプの顧客について、商品特徴"フレーバー"の視点で商品ニーズ分析を行ったサンプルを見てください。

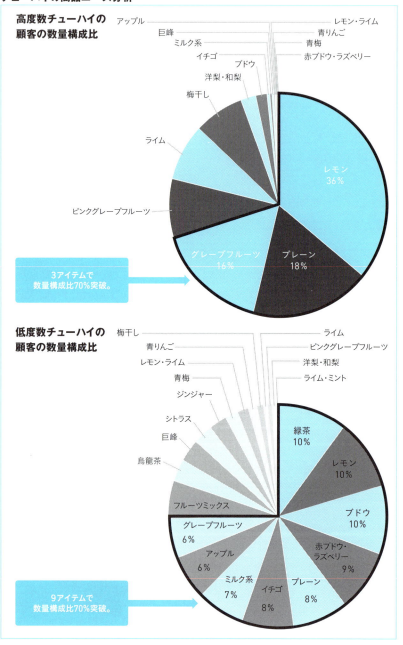

この2つの円グラフを比較すると、高度数チューハイを買う顧客はわずか3アイテムで数量構成比70％を突破しているのに対して、低度数チューハイを買う顧客は9アイテムで数量構成比70％を突破していることが確認できます。
　なお、70％を目安にしている理由は、ＡＢＣ数量分析で重要なフレーバーをチェックしているからです。
　次に、商品特徴の"容量"で商品ニーズ分析を行ったサンプルをみてください。

容量とアルコール度でみた商品ニーズ分析

容量		
500ml	19%	65%
350ml	81%	35%

顧客によって購入する容量が違うことを発見！

チューハイだけでもこんなに傾向が違うんだ。

細かい分析をすることで、売り場づくりも大きく変わります。

この棒グラフの比較では、高度数チューハイを買う顧客の65％が500mlを買い、低度数チューハイを買う顧客の81％が350mlを買うことがわかります。

　これら２つの視点からの商品ニーズ分析で、高度数チューハイを買う顧客はレモン、プレーン、グレープフルーツの500mlが買いやすい売場づくりを行い、低度数チューハイを買う顧客は様々なフレーバーがある350mlで品揃えした売場づくりが良いと考えることができます。

　このようにグルーピングを活用すると、単にＰＯＳデータやレシートデータを分析しただけではわからない具体的な売場づくりや販売促進のヒントを得られます。

　複雑なデータ分析であることは間違いありませんが、作業そのものは今まで説明してきた手法で全て行えます。１つずつ着実に処理していけば、売上アップにつながるヒントが得られます。

グルーピング活用の商品ニーズ分析の流れ

　グルーピング活用の商品ニーズ分析は、何か特定の手法が存在しているわけでありません。

　お店・売場のコンセプトに基づいて、多角的に顧客が求めている商品特徴の傾向を調べ、購買パターンを推測していく流れとなります。そのため、先ほどのチューハイ顧客の事例について、分析の流れをまとめておきます。

　大事なポイントは、売場ごとに存在している顧客のタイプを把握すること、そして各顧客について商品ニーズ分析を行うことです。なお、チューハイ売場の事例では、アルコール度数という商品特徴を活用して顧客の絞り込みを行っています。

グルーピング活用の商品ニーズ分析の流れ（例）

① 売場に存在している顧客が何種類存在しているのか調べる

② ①の顧客それぞれについてレシートデータの絞り込みを行う

③ ②の各レシートデータに商品特徴でグルーピングする

④ ピボットテーブルでグルーピングした項目別に集計する

⑤ ④をグラフにして各顧客の違いを把握、それぞれの購買パターンを推測する

> **一言メモ**
> 一見難しそうですが、今まで説明してきた分析手法の組合せです。
> データ分析の目的に応じた、データ・手法を選択して、
> 1つひとつ作業を進めるようにしてください。

エクセル操作ガイド（曜日・時間帯分析など）

曜日・時間帯別客数分布表をつくる（その1）

①レシートデータの曜日（または日にち）・時間・レシート番号以外を削除する
（曜日データがない場合は、日にちを曜日に置換処理します）。

②レシートデータの任意のセルを選択した状態でピボットテーブルを開く。

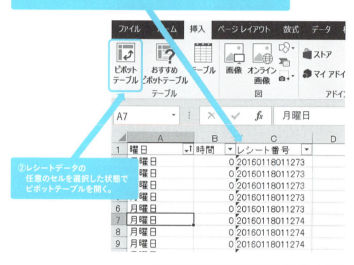

③作成ウィザードが開いたらOKボタンを押す。

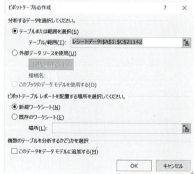

曜日・時間帯別客数分布表をつくる(その2)

曜日・時間帯別客数分布表をつくる（その3）

⑥生成した客数表をコピーして、新規シートに「値」で、2つ貼り付ける。

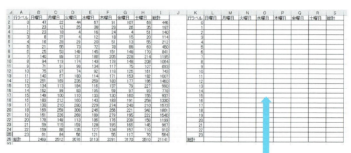

⑦1つは客数数値を削除しておく。

曜日・時間帯別客数分布表をつくる(その4)

⑧客数数値を削除したセルに客数構成比を計算していく。

該当する客数セル÷総客数セル

※総客数セルを選択後、F4ボタンを押すと$マークがつく

※書式はパーセント表示にする

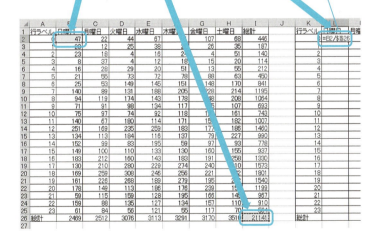

曜日・時間帯別客数分布表をつくる(その5)

⑨残りの客数数値を削除したセルに⑧の数式をコピー&ペーストする。

行ラベル	日曜日	月曜日	火曜日	水曜日	木曜日	金曜日	土曜日	総計
0	0.2%	0.1%	0.2%	0.3%	0.4%	0.5%	0.3%	2.1%
1	0.1%	0.1%	0.1%	0.2%	0.1%	0.1%	0.2%	0.9%
2	0.1%	0.1%	0.0%	0.1%	0.1%	0.0%	0.2%	0.7%
3	0.0%	0.2%	0.0%	0.1%	0.1%	0.1%	0.1%	0.5%
4	0.1%	0.1%	0.1%	0.1%	0.2%	0.1%	0.3%	1.0%
5	0.1%	0.3%	0.3%	0.3%	0.4%	0.4%	0.3%	2.1%
6	0.1%	0.3%	0.7%	0.7%	0.7%	0.7%	0.8%	4.0%
7	0.7%	0.4%	0.6%	0.9%	1.0%	1.1%	1.0%	5.7%
8	0.4%	0.6%	0.8%	0.7%	0.8%	0.7%	1.0%	5.0%
9	0.3%	0.4%	0.5%	0.6%	0.6%	0.4%	0.5%	3.3%
10	0.4%	0.5%	0.4%	0.4%	0.6%	0.6%	0.8%	3.5%
11	0.7%	0.3%	0.9%	0.5%	0.8%	0.7%	0.9%	4.8%
12	1.2%	0.8%	1.1%	1.2%	0.9%	0.8%	0.9%	6.9%
13	0.6%	0.5%	0.9%	0.5%	0.6%	0.4%	1.1%	4.7%
14	0.7%	0.5%	0.4%	0.9%	0.3%	0.5%	0.4%	3.7%
15	0.7%	0.5%	0.5%	0.6%	0.6%	0.8%	0.7%	4.4%
16	0.9%	1.0%	0.8%	0.7%	0.9%	0.9%	1.2%	6.3%
17	0.6%	1.0%	1.3%	1.1%	1.3%	1.1%	1.0%	7.4%
18	0.8%	1.2%	1.5%	1.2%	1.2%	1.0%	1.6%	8.5%
19	0.8%	1.1%	1.3%	0.9%	1.3%	0.9%	1.1%	7.3%
20	0.8%	0.7%	0.5%	0.9%	0.8%	1.1%	0.7%	5.7%
21	0.3%	0.5%	0.8%	0.6%	0.9%	0.8%	0.7%	4.6%
22	0.8%	0.4%	0.6%	0.6%	0.6%	0.7%	0.5%	4.3%
23	0.3%	0.4%	0.3%	0.6%	0.3%	0.6%	0.3%	2.7%
総計	11.7%	11.9%	14.5%	14.7%	15.6%	15.0%	16.6%	100.0%

一気に計算できるから楽チン。

曜日・時間帯別客数分布表をつくる（その6）

⑩表を見やすく加工して完成。

曜日・時間帯別客数分布表		曜日							計
		日曜日	月曜日	火曜日	水曜日	木曜日	金曜日	土曜日	
時間帯	0時～	0.2%	0.1%	0.2%	0.3%	0.4%	0.5%	0.3%	2.1%
	1時～	0.1%	0.1%	0.1%	0.2%	0.1%	0.1%	0.2%	0.9%
	2時～	0.1%	0.1%	0.0%	0.1%	0.1%	0.0%	0.2%	0.7%
	3時～	0.0%	0.2%	0.0%	0.1%	0.1%	0.1%	0.1%	0.5%
	4時～	0.1%	0.1%	0.1%	0.1%	0.2%	0.1%	0.3%	1.0%
	5時～	0.1%	0.3%	0.3%	0.3%	0.4%	0.4%	0.3%	2.1%
	6時～	0.1%	0.3%	0.7%	0.7%	0.7%	0.7%	0.8%	4.0%
	7時～	0.7%	0.4%	0.6%	0.9%	1.0%	1.1%	1.0%	5.7%
	8時～	0.4%	0.6%	0.8%	0.7%	0.8%	0.7%	1.0%	5.0%
	9時～	0.3%	0.4%	0.5%	0.6%	0.6%	0.4%	0.5%	3.3%
	10時～	0.4%	0.5%	0.4%	0.4%	0.6%	0.6%	0.8%	3.5%
	11時～	0.7%	0.3%	0.9%	0.5%	0.8%	0.7%	0.9%	4.8%
	12時～	1.2%	0.8%	1.1%	1.2%	0.9%	0.8%	0.9%	6.9%
	13時～	0.6%	0.5%	0.9%	0.5%	0.6%	0.4%	1.1%	4.7%
	14時～	0.7%	0.5%	0.4%	0.9%	0.3%	0.5%	0.4%	3.7%
	15時～	0.7%	0.5%	0.5%	0.6%	0.6%	0.8%	0.7%	4.4%
	16時～	0.9%	1.0%	0.8%	0.7%	0.9%	0.9%	1.2%	6.3%
	17時～	0.6%	1.0%	1.3%	1.1%	1.3%	1.1%	1.0%	7.4%
	18時～	0.8%	1.2%	1.5%	1.2%	1.2%	1.0%	1.6%	8.5%
	19時～	0.8%	1.1%	1.3%	0.9%	1.3%	0.9%	1.1%	7.3%
	20時～	0.8%	0.7%	0.5%	0.9%	0.8%	1.1%	0.7%	5.7%
	21時～	0.3%	0.5%	0.8%	0.6%	0.9%	0.8%	0.7%	4.6%
	22時～	0.8%	0.4%	0.6%	0.6%	0.6%	0.7%	0.5%	4.3%
	23時～	0.3%	0.4%	0.3%	0.6%	0.3%	0.6%	0.3%	2.7%
計		11.7%	11.9%	14.5%	14.7%	15.6%	15.0%	16.6%	100.0%

ちょっとした手間をかける習慣をつければ、とてもみやすくなります。

購買金額別売上・客数グラフをつくる（その1）

①レシートデータの任意のセルを選択した状態でピボットテーブルを開く。

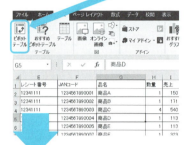

②レシート番号・売上にチェックを入れる。

③レシート番号は行、合計/売上は値に配置する。

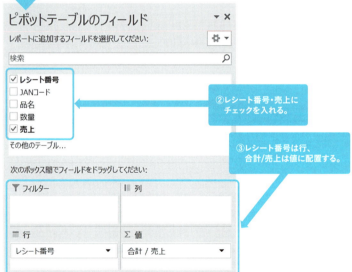

購買金額別売上・客数グラフをつくる(その2)

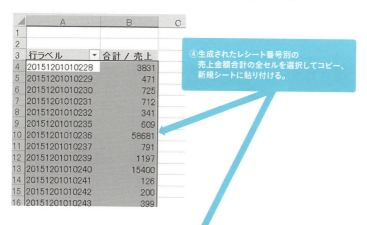

④生成されたレシート番号別の売上金額合計の全セルを選択してコピー、新規シートに貼り付ける。

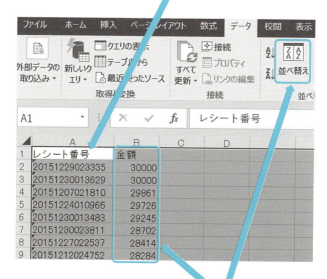

⑤データ"並び替え"を使って、金額の大きい順に並べ替えておく。

購買金額別売上・客数グラフをつくる(その3)

⑥金額グループ列をつくり、グルーピングの入力作業を行う。

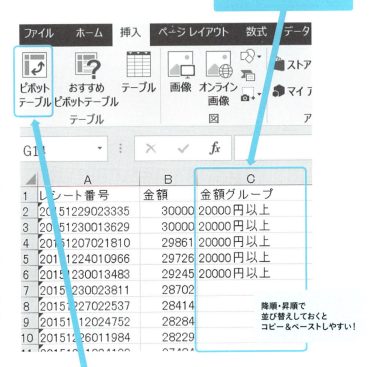

降順・昇順で並び替えしておくとコピー&ペーストしやすい!

⑦グルーピング作業が完了したら、このデータでピボットテーブルを開く。

購買金額別売上・客数グラフをつくる(その4)

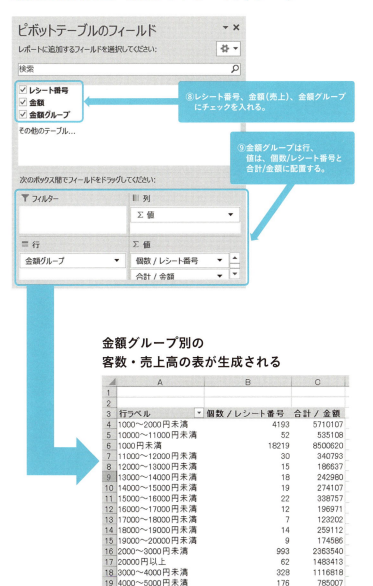

⑧レシート番号、金額(売上)、金額グループにチェックを入れる。

⑨金額グループは行、値は、個数/レシート番号と合計/金額に配置する。

金額グループ別の客数・売上高の表が生成される

購買金額別売上・客数グラフをつくる(その5)

	A	B	C
1			
2			
3	行ラベル	個数 / レシート番号	合計 / 金額
4	1000～2000円未満	4193	5710107
5	10000～11000円未満	52	535108
6	1000円未満	18219	8500620
7	11000～12000円未満	30	340793
8	12000～13000円未満	15	186637
9	13000～14000円未満	18	242980
10	14000～15000円未満	19	274107
11	15000～16000円未満	22	338757
12	16000～17000円未満	12	196971
13	17000～18000円未満	7	123202
14	18000～19000円未満	14	259112
15	19000～20000円未満	9	174586
16	2000～3000円未満	993	2363540
17	20000円以上	62	1483413
18	3000～4000円未満	328	1116818
19	4000～5000円未満	176	785007

購買金額グループ	客数	売上高
1000円未満	18,219	8,500,620
1000～2000円未満	4,193	5,710,107
2000～3000円未満	993	2,363,540
3000～4000円未満	328	1,116,818
4000～5000円未満	176	785,007
5000～6000円未満	132	715,369
6000～5000円未満	66	424,899
7000～8000円未満	51	380,610
8000～9000円未満	40	337,426
9000～10000円未満	28	263,754
10000～11000円未満	52	535,108
11000～12000円未満	30	340,793
12000～13000円未満	15	186,637
13000～14000円未満	18	242,980
14000～15000円未満	19	274,107
15000～16000円未満	22	338,757
16000～17000円未満	12	196,971
17000～18000円未満	7	123,202
18000～19000円未満	14	259,112
19000～20000円未満	9	174,586
20000円以上	62	1,483,413

⑩金額グループの名称で自動的に配列されるため、コピーペーストの「値」で新規シートに表を貼り付けて並び替える。

⑪表のタイトルを、購買金額グループ、客数、売上高と入力。

購買金額別売上・客数グラフをつくる（その6）

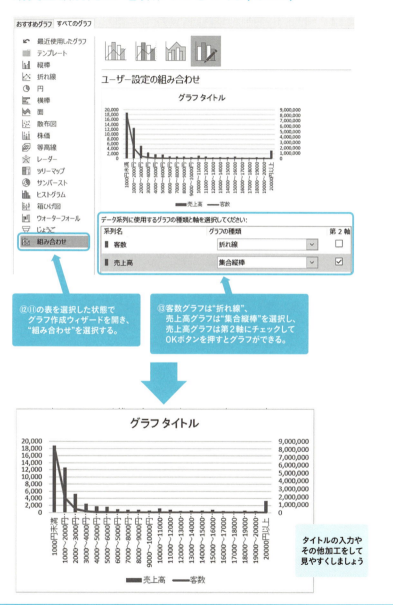

⑫⑪の表を選択した状態でグラフ作成ウィザードを開き、"組み合わせ"を選択する。

⑬客数グラフは"折れ線"、売上高グラフは"集合縦棒"を選択し、売上高グラフは第2軸にチェックしてOKボタンを押すとグラフができる。

タイトルの入力やその他加工をして見やすくしましょう

レシートデータに商品分類を入力する（その1）

商品マスタ情報のレシートデータ（またはPOSデータ）への入力は、手作業では大変ですがエクセルを使うと簡単にできます。データ分析の様々な場面で活躍する手法なので、ぜひ覚えておいてください（商品マスタのサンプルはわかりやすくするために簡略化しています）。

①JANコード、商品分類のデータが入った商品マスタを準備する。

商品マスタ

	A	B	C
1	JANコード	品名	商品分類
2	1234567890001	唐揚弁当	おかず弁当
3	1234567890002	カップうどん	インスタント麺
4	1234567890003	発泡酒A	ビール・発泡酒
5	1234567890004	グレープフルーツチューハイ350ml	カクテル飲料
6			

②JANコードが入ったレシートデータ（またはPOSデータ）を準備し、"商品分類"の列を作っておく。
ここに分類名称を関数を使って入力していく。

レシートデータ

	A	B	C	D
1	レシート番号	JANコード	品名	商品分類
2	12341111	1234567890001	唐揚弁当	
3	12341111	1234567890002	カップうどん	
4	12341111	1234567890003	発泡酒A	
5	12341111	1234567890004	グレープフルーツチューハイ350ml	
6	12341111	1234567890005	レモンチューハイ350ml	

レシートデータに商品分類を入力する(その2)

③一番上の商品分類セルを選択し、VLOOKUP関数を開く。

レシートデータに商品分類を入力する（その3）

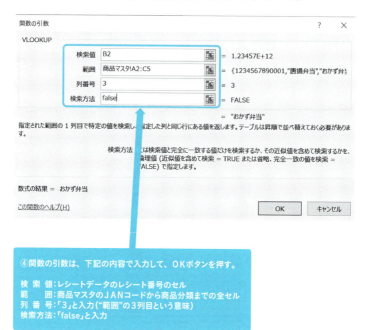

④関数の引数は、下記の内容で入力して、OKボタンを押す。

検　索　値：レシートデータのレシート番号のセル
範　　　囲：商品マスタのJANコードから商品分類までの全セル
列　番　号：「3」と入力（"範囲"の3列目という意味）
検索方法：「false」と入力

一般的に、商品マスタには
データの項目が数多く入っています。
項目数が多いままでは、
VLOOKUP関数の"範囲"や"列番号"を
選択する作業が大変で間違えやすくなります。
サンプルのように必要な項目以外を
削除したファイルを準備すると良いでしょう。

レシートデータに商品分類を入力する（その4）

商品マスタ

	A	B	C
1	ＪＡＮコード	品名	商品分類
2	1234567890001	唐揚弁当	おかず弁当
3	1234567890002	カップうどん	インスタント麺
4	1234567890003	発泡酒Ａ	ビール・発泡酒
5	1234567890004	グレープフルーツチューハイ３５０ｍｌ	カクテル飲料
6			

商品マスタの商品分類データがレシートデータに入力されます。

	A	B	C	D
1	レシート番号	ＪＡＮコード	品名	商品分類
2	12341111	1234567890001	唐揚弁当	おかず弁当
3	12341111	1234567890002	カップうどん	インスタント麺
4	12341111	1234567890003	発泡酒Ａ	ビール・発泡酒
5	12341111	1234567890004	グレープフルーツチューハイ３５０ｍｌ	カクテル飲料
6	12341111	1234567890005	レモンチューハイ３５０ｍｌ	#N/A

⑤関数式を全ての空白セルにコピーペーストします。「#N/A」が表示された商品は、商品マスタに商品分類が未登録のため商品マスタに追加しておく。

一言メモ

商品特徴も、ＪＡＮコード・品名・商品特徴の項目が入ったマスタを作成すれば、同様の手順でＰＯＳデータやレシートデータへの入力作業を簡単に行えます。

併買部門別の売上構成比表をつくる（その1）

1. 特定顧客だけのレシートデータに絞り込む

①商品分類を入力したレシートデータを準備する。

	A	B	C	D	E	F
1	レシート番号	商品分類	JANコード	品名	販売数量	売上
2	20160101014153	飲料	1234567890001	ミルクティー 茶々	1	135
3	20160101014153	飲料	1234567890002	エスプレッソ5	1	93
4	20160101014153	デザート	1234567890003	一番やわらかいシュー	2	242
5	20160101014153	デザート	1234567890004	チョコシュークリーム	1	102
6	20160101014153	たばこ用品	1234567890005	タバコA	1	426
7	20160101014154	デザート	1234567890006	餅ケーキ	1	380
8	20160101014154	飲料	1234567890007	微糖コーヒー	2	230
9	20160101014154	日用品	1234567890008	サプリメント	1	146

②フィルターで基準となる商品分類だけを表示する（サンプルでは基準はデザート部門）。

	A	B	C	D	E	F
1	レシート番号	商品分類	JANコード	品名	販売数	売上
4	20160101014153	デザート	1234567890003	一番やわらかいシュー	2	242
5	20160101014153	デザート	1234567890004	チョコシュークリーム	1	102
7	20160101014154	デザート	1234567890006	餅ケーキ	1	380
11	20160101014167	デザート	1234567890010	健康ヨーグルト	1	95
13	20160101014167	デザート	1234567890012	とろとろプリン	1	141
19	20160101014186	デザート	1234567890018	濃厚プリンケーキ	1	176
23	20160101024400	デザート	1234567890022	レーズンサンド	1	160
24	20160101024400	デザート	1234567890023	フルーツデザート	1	130

③レシート番号・商品分類の2列をコピーし、新規シートに貼り付ける。

併買部門別の売上構成比表をつくる（その2）

④新規シートに貼り付けた
レシート番号・商品分類は「重複の削除」をし、
シート名は"デザート顧客一覧"にする。

⑤デザート顧客一覧シートに
デザート顧客列をつくり「1」を入力する。

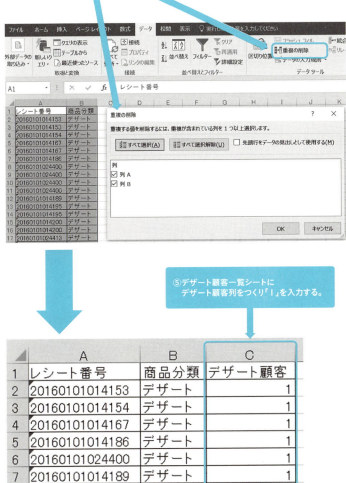

併買部門別の売上構成比表をつくる(その3)

⑥レシートデータに"デザート顧客"をつくり、VLOOKUP関数で開く。

⑦関数の引数は、下記の内容で入力して、OKボタンを押す。

検 索 値:レシートデータのレシート番号のセル
範　　囲:デザート顧客一覧の全セル
列 番 号:「3」と入力("範囲"の3列目という意味)
検索方法:「false」と入力

併買部門別の売上構成比表をつくる(その4)

⑧残りのセルに関数式をコピーペーストし、
#N/Aはデザート部門を購入していない顧客のため全て削除する。

	A	B	C	D	E	F	G
1	レシート番号	商品分類	JANコード	品名	販売数	売上	デザート顧客
2	20160101014153	飲料	1234567890001	ミルクティー茶々	1	135	1
3	20160101014153	飲料	1234567890002	エスプレッソ5	1	93	1
4	20160101014153	デザート	1234567890003	一番やわらかいシュー	2	242	1
5	20160101014153	デザート	1234567890004	チョコシュークリーム	1	102	1
6	20160101014153	たばこ用品	1234567890005	タバコA	1	426	1
7	20160101014154	デザート	1234567890006	餅ケーキ	1	380	1
8	20160101014154	飲料	1234567890007	微糖コーヒー	2	230	1
9	20160101014154	日用品	1234567890008	サプリメント	1	146	1
10	20160101014154	惣菜	1234567890009	納豆サラダ	1	230	1
11	20160101014167	デザート	1234567890010	健康ヨーグルト	1	95	1
12	20160101014167	飲料	1234567890011	カフェラテ・ドリンク	1	125	1
13	20160101014167	デザート	1234567890012	とろとろプリン	1		1
14	20160101014167	酒	1234567890013	アップルカクテル	1	23	1
15	20160101014167	冷凍食品	1234567890014	冷凍カルボナーラ	1	184	1
16	20160101014167	菓子	1234567890015	イチゴチョコレート	1	208	1
17	20160101014186	飲料	1234567890016	シュガーレス・ラテ	1	151	#N/A
18	20160101014186	飲料	1234567890017	ミネラルドリンク	1	100	#N/A
19	20160101024400	飲料	1234567890019	牛乳500ml	1	131	1

デザート顧客だけのレシートデータが完成

この時点で
売上貢献度を評価
しておきましょう

デザート部門と飲料部門を
一緒に買う顧客など、複数部門の
組み合わせで絞り込むこともできます。
その場合は、デザート顧客だけの
レシートデータに絞り込んだ後、
そのレシートデータに対して同様の手順で
飲料部門を買ったレシートデータだけに
絞り込みます。

併買部門別の売上構成比表をつくる(その5)

2．併買部門の売上構成比を計算する

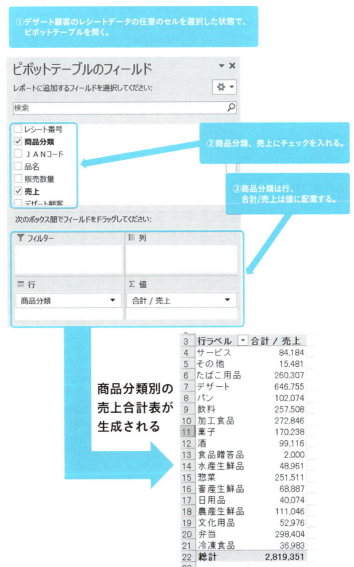

併買部門別の売上構成比表をつくる(その6)

④ピボットテーブルが生成した表をコピーし新規シートに「値」で貼り付け、売上の多い順に並べ替えしておく。

行ラベル	合計 / 売上
サービス	84,184
その他	15,481
たばこ用品	260,307
デザート	646,755
パン	102,074
飲料	257,508
加工食品	272,846
菓子	170,238
酒	99,116
食品贈答品	2,000
水産生鮮品	48,961
惣菜	251,511
畜産生鮮品	68,887
日用品	40,074
農産生鮮品	111,046
文化用品	52,976
弁当	298,404
冷凍食品	36,983
総計	2,819,351

⑤基準となるデザート部門の行は削除する。

	A	B
1	商品分類	売上
2	デザート	646,755
3	弁当	298,404
4	加工食品	272,846
5	たばこ用品	260,307
6	飲料	257,508
7	惣菜	251,511
8	菓子	170,238
9	農産生鮮品	111,046
10	パン	102,074
11	酒	99,116
12	サービス	84,184
13	畜産生鮮品	68,887
14	文化用品	52,976
15	水産生鮮品	48,961
16	日用品	40,074
17	冷凍食品	36,983
18	その他	15,481
19	食品贈答品	2,000

併買部門別の売上構成比表をつくる(その7)

	A	B	C
1	商品分類	売上構成比	売上
2	弁当	14%	298,404
3	加工食品	13%	272,846
4	たばこ用品	12%	260,307
5	飲料	12%	257,508
6	惣菜	12%	251,511
7	菓子	8%	170,238
8	農産生鮮品	5%	111,046
9	パン	5%	102,074
10	酒	5%	99,116
11	サービス	4%	84,184
12	畜産生鮮品	3%	68,887
13	文化用品	2%	52,976
14	水産生鮮品	2%	48,961
15	日用品	2%	40,074
16	冷凍食品	2%	36,983
17	その他	1%	15,481
18	食品贈答品	0%	2,000
19	合計	100%	2,172,596

⑥直接入力で
=売上セル/合計値セル。

⑦1つ売上構成比を
計算した後、
他の行はコピー&ペースト。

※書式はパーセント表示にする

デザート顧客の併買部門別売上構成比表が完成

併買部門別の売上構成比表をつくる(その8)

⑧最後に、商品分類と売上構成比を選択した状態で円グラフを作成する。

	A	B	C
1	商品分類	売上構成比	売上
2	弁当	14%	298,404
3	加工食品	13%	272,846
4	たばこ用品	12%	260,307
5	飲料	12%	257,508
6	惣菜	12%	251,511
7	菓子	8%	170,238
8	農産生鮮品	5%	111,046
9	パン	5%	102,074
10	酒	5%	99,116
11	サービス	4%	84,184
12	畜産生鮮品	3%	68,887
13	文化用品	2%	52,976
14	水産生鮮品	2%	48,961
15	日用品	2%	40,074
16	冷凍食品	2%	36,983
17	その他	1%	15,481
18	食品贈答品	0%	2,000
19	合計	100%	2,172,596

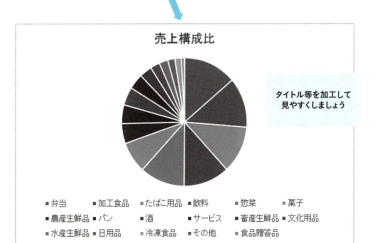

タイトル等を加工して見やすくしましょう

購入個数別の客数分析をする(その1)

①特定顧客に絞り込んだレシートデータを準備し、分析対象外の商品分類・商品を削除しておく(サンプルでは"ビール・発泡酒"が分析対象)。

②レシートデータの任意のセルを選択し、ピボットテーブルを開く。

特定顧客に絞り込んだレシートデータを準備する時は、他顧客のレシートデータは必ず削除しておきましょう。
他顧客のレシートデータをフィルター機能で非表示にした状態でピボットテーブルを使いたくなりますが、
ピボットテーブルは非表示のデータも集計してしまうので注意が必要です。

購入個数別の客数分析をする(その2)

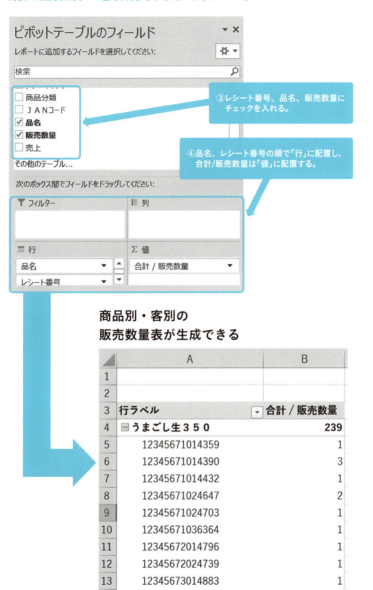

③レシート番号、品名、販売数量にチェックを入れる。

④品名、レシート番号の順で「行」に配置し、合計/販売数量は「値」に配置する。

商品別・客別の販売数量表が生成できる

購入個数別の客数分析をする（その3）

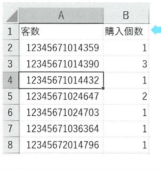

⑤ピボットテーブルで生成した販売数量表をコピーして新規シートに貼り付け、さらにピボットテーブルを開く（項目名は、客数、購入個数にする）。

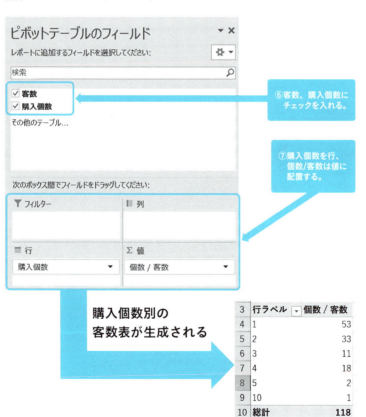

⑥客数、購入個数にチェックを入れる。

⑦購入個数を行、個数/客数は値に配置する。

購入個数別の客数表が生成される

購入個数別の客数分析をする(その4)

⑧購入個数別の客数表を選択して円グラフを作成する。

3	行ラベル	個数 / 客数
4	1	53
5	2	33
6	3	11
7	4	18
8	5	2
9	10	1
10	**総計**	**118**

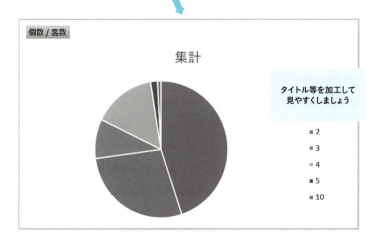

タイトル等を加工して見やすくしましょう

特売チラシの
効果検証をしてみる

COLUMN

　多くのスーパーマーケットで特売チラシの折り込みをしていると思いますが、この特売チラシの効果検証をしたことがある人は意外に少ないのではないでしょうか。

　1つの方法として、特売期間中にチラシ掲載した商品を1つでも購入した顧客だけのレシートデータに絞り込むと、特売価格に反応した顧客の分析ができるようになります。厳密にチラシを見て来店した顧客に絞り込んだわけではありませんが、チラシであろうと店頭であろうと特売価格に反応した顧客だけの売上・利益や購買パターンを知ることができます。また、販売価格分析で特売価格にした商品の販売数量が伸びているか否かをチェックすることも意味があります。特売チラシで販売数量が伸びなかった場合は、特売価格にする必要性を再考するべきだからです。このように特売チラシの効果検証を行えば、売場づくりやチラシづくりを変えていくヒントになるでしょう。

　なお、特売チラシをつくる時に準備する特売商品リストにＪＡＮコードを入れておき、特売期間のレシートデータに対して特売商品を購入したレシート番号にチェックを入れると絞り込みができます。

　特売チラシの費用は決して安くはないので、一度しっかりと効果検証してみると良いでしょう。

# 第8章

仮説の検証をしよう

仮説と検証の方法をマスターしよう

KEYWORD
商品の売れ方と購買パターン

検証するポイント

　第2章26ページ「手順に沿って行うのがデータ分析のキモ」の最後で、「分析後は対策の実施と検証が大切」と検証の重要性について触れていますが、ここからはその検証のやり方について説明します。

　検証の本来的な意味は仮説の真偽を確かめることです。仮説も難しい用語ですが、わかりやすくいうと「商品Aは、◆◆の売り方をすればもっと売れるのではないか？」や「●●顧客は■■という買い方をする法則が成り立つのではないか？」と仮定することです。つまり、仮説を立てておかなければ、検証ができないということです。

　また、本書における仮説には、このような"商品の売れ方"と"購買パターン"の仮定だけでなく、売上目標（または利益目標）の設定を加えた2つの視点で説明します。その理由は、目標を達成することが最も重要であり、"商品の売れ方"と"購買パターン"の真偽を確かめるだけでは不十分だからです。

真偽を確かめる理由

　例えば、顧客分析を行った結果に基づいて、「お酒とおつまみを一緒に購入する顧客Aは客単価が大きい。お酒とおつまみを一緒に陳列すれば、顧客Aの客数が増えて売上アップに貢献する」と仮説を立てたとします。

　仮説に基づいた売場づくりをして1カ月後に検証した時、最初に注目するべきポイントは売上の達成率や増減です。しかし、この時に注意することは、仮に売上目標を達成できたとしても、売上数値だけでは「な

ぜ、達成できたのか？」について、その要因がわからないことです。

そこで、「顧客Aが増えたおかげで売上アップにつながったのか？」について調べてみます。もし、顧客Aが増えた分だけ売上アップしているのであれば仮説は正しいと判断できるわけです。逆に、顧客Aの客数に変化がなかった場合は、売上目標を達成できた要因は顧客Aとは異なるポイントにあることがわかります。

このように目標を達成できた要因や達成できなかった要因を知るために、"商品の売れ方"と"購買パターン"の真偽を確かめる検証はたいへん役立ちます。

仮説と検証の視点

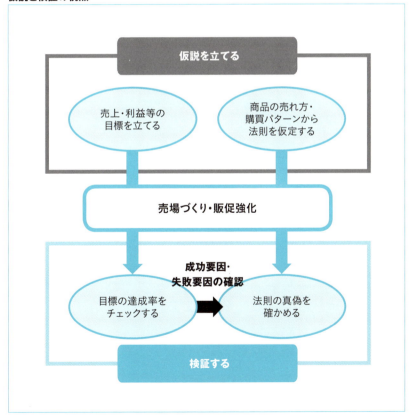

顧客が増えた場合の試算をしてみよう

KEYWORD
売上シミュレーション

売上シミュレーションでは顧客分析を活用する

　検証する視点の1つに"目標に対する達成率"を挙げていますが、目標数値そのものが高すぎると達成できる可能性が極めて低くなります。過去の実績に基づいて、目標数値の実現性を確認しておくべきです。

　そこで本書では、データ分析に基づいて具体的に売上シミュレーションをする方法を紹介します。シミュレーションの簡単なイメージは、「お酒を購入する酒顧客を増やして売上目標の達成を目指す場合、酒顧客が客単価1,500円であれば、500人増えると75万円の売上アップになる」というものです。元々の売上が1,000万円だとすれば、酒顧客を500人増やすことで売上1,075万円を目指せるわけです。そして、実現性を判断するためには、「本当に酒顧客を500人増やせるのか？」について吟味することがポイントになります。

　このイメージからわかるように、レシートデータを使った顧客分析を活用すると、酒顧客がお酒以外に買う商品の売上も考慮した、具体的な売上シミュレーションが簡単に行えます。逆に、「お酒の商品Aの販売数量を何個増やすか？」というシミュレーションでは、商品Aと一緒に購入される他の商品が考慮されないため、少し現実味に欠けてしまう点に注意しなければなりません。本書では、ターゲットとなる特定顧客の客数を軸にした売上シミュレーションにについて説明していきます。

売上シミュレーションのやり方

　売上シミュレーションの基本的な考え方は、「全顧客の売上に特定顧客が増えた分だけ売上を足し算する」です。この売上を商品分類別で集

計すると、計画通りに特定顧客の客数が増えた場合の売上構成比の変動までシミュレーションをすることができます。

売上シミュレーションの例

全顧客の部門別売上構成比

部門名	売上	売上構成比
弁当	870,000	8.7%
惣菜	950,000	9.5%
パン	380,000	3.8%
加工食品	1,260,000	12.6%
冷凍食品	350,000	3.5%
農産生鮮品	1,482,500	14.8%
畜産生鮮品	1,220,000	12.2%
水産生鮮品	1,180,000	11.8%
菓子	970,000	9.7%
飲料	820,000	8.2%
酒	517,500	5.2%
合計	10,000,000	100.0%

客数	10,000
客単価	1,000

酒顧客の部門別売上構成比

部門名	売上高	構成比
弁当	123,000	8.2%
惣菜	186,000	12.4%
パン	21,000	1.4%
加工食品	121,500	8.1%
冷凍食品	15,000	1.0%
農産生鮮品	114,000	7.6%
畜産生鮮品	94,500	6.3%
水産生鮮品	91,500	6.1%
菓子	144,000	9.6%
飲料	72,000	4.8%
酒	517,500	34.5%
合計	1,500,000	100.0%

客数	1,000
客単価	1,500

売上シミュレーション

部門名	売上高	構成比
弁当	931,500	8.7%
惣菜	1,043,000	9.7%
パン	390,500	3.6%
加工食品	1,320,750	12.3%
冷凍食品	357,500	3.3%
農産生鮮品	1,539,500	14.3%
畜産生鮮品	1,267,250	11.8%
水産生鮮品	1,225,750	11.4%
菓子	1,042,000	9.7%
飲料	856,000	8.0%
酒	776,250	7.2%
合計	10,750,000	100.0%

酒顧客増加数	**500**
客数	10,500
客単価	1,024

> ターゲットの増加客数を入れて売上シミュレーションできる。

　この売上シミュレーションのサンプルは、左側が全顧客の売上と売上構成比、真ん中が酒顧客、右側がシミュレーションの結果を示しています。この表をエクセルで作成し、ターゲット顧客の増加数の入力値によって売上シミュレーションが変動するようにしておくと、目標を達成するために、新たに集客しなければならない客数を合理的に導き出すことができます。なお、酒顧客の商品分類別売上金額や売上構成比は、酒顧客だけのレシートデータに絞り込んでからピボットテーブルで"商品分類別の売上合計"を集計すれば求められます。

　この売上シミュレーションをすると、現実味のある計画数値をつくることができます。また、特定顧客をターゲットにした対策で、「他部門の売上にどのような影響を与えるのか？」についても仮説ができます。かなり役立つ手法なので、ぜひご活用ください。

検証のやり方と対策

KEYWORD
仮説と検証の繰り返し

売上シミュレーションに対する検証

　検証は、目標数値と"商品の売れ方""購買パターン"の2つの視点で行います。まずは、目標数値に対する検証のポイントを説明します。

　目標数値に対する検証は、202ページで紹介した売上シミュレーションの形式を活用します。

目標数値に対する検証

売上シミュレーション

部門名	売上高	構成比
弁当	931,500	8.7%
惣菜	1,043,000	9.7%
パン	390,500	3.6%
加工食品	1,320,750	12.3%
冷凍食品	357,500	3.3%
農産生鮮品	1,539,500	14.3%
畜産生鮮品	1,267,250	11.8%
水産生鮮品	1,225,750	11.4%
菓子	1,042,000	9.7%
飲料	856,000	8.0%
酒	776,250	7.2%
合計	10,750,000	100.0%

酒顧客増加数	500
客数	10,500
客単価	1,024

実績

部門名	売上高	構成比	成長率	達成率
弁当	950,130	8.6%	109.2%	102%
惣菜	1,147,300	10.4%	120.8%	110%
パン	402,215	3.7%	105.8%	103%
加工食品	1,320,750	12.0%	104.8%	100%
冷凍食品	375,375	3.4%	107.3%	105%
農産生鮮品	1,554,895	14.1%	104.9%	101%
畜産生鮮品	1,292,595	11.7%	106.0%	102%
水産生鮮品	1,225,750	11.1%	103.9%	100%
菓子	1,125,360	10.2%	116.0%	108%
飲料	873,120	7.9%	106.5%	102%
酒	737,438	6.7%	142.5%	95%
合計	11,004,928	100.0%	110.0%	102%

酒顧客増加数	300
客数	10,400
客単価	1,058

最初に、売上全体の達成率をチェックしよう！

ターゲットの客数増加数もチェック。

このサンプルの「実績」にある成長率は、「元々の売上に対してどの程度売上が伸びたのか？」を求めています。また、達成率は「売上シミュレーションの目標をクリアできたのか？」を把握できるようにしています。

　では、このサンプルを元にして、少し読み方を説明していきます。まず、最初にチェックするべきポイントは、売上目標の達成率です。結果は102％であり、大きな目標は達成できていることがわかります。

　次に、売上目標の達成に向けて、ターゲットにした酒顧客の増加客数の目標をクリアしているか否かをチェックします。すると、酒顧客の客数増加数は300人ですが、目標500人には及びませんでした。まずは、この事実を把握しておくことが大切です。

ターゲット顧客の売上貢献度を検証

　次に、ターゲットにした酒顧客の売上貢献度をチェックします。先ほどの増加客数の結果について、目標値を達成できなかった理由と「酒顧客は本当に売上アップに貢献したのか？」を調べます。

　計画通りに客数が増えていなくても、酒顧客が増えたことで売上アップに貢献したことがわかれば、今後も酒顧客を増やす販促が効果的であることがわかります。そこで、次のような酒顧客について、対策前後の表をつくってみます。

対策の前と後の検証表

酒顧客の検証			
	対策前	対策後	成長率
客数	1000	1300	130%
客数比率	10%	13%	125%
売上	1,500,000	2,080,000	139%
売上構成比	15%	19%	126%
客単価	1,500	1,600	107%

売上構成比の成長率で売上アップへの貢献度がわかる。

このように比較してみると、酒顧客だけの売上金額が58万円増えて、売上構成比も15％から19％にアップしていることがわかります。お店全体の売上が約100万円のアップであることを考えると、とても大きな貢献をしていることがわかります。つまり、売上アップを狙うために酒顧客にアプローチする方針は正しかったといえます。

　なお、この表にある客数比率は、全顧客に対する酒顧客の客数比率であり、売上構成比は全顧客に対する酒顧客だけの売上比率です。

購買パターン等の仮説に対する検証

　目標数値の達成率とターゲットにした酒顧客の売上貢献度を検証した後は、酒顧客について仮説を立てた"商品の売れ方"と"購買パターン"の真偽について検証していきます。

　検証のポイントは、"商品の売れ方"と"購買パターン"の仮説を立てた時に行った分析と全く同じ分析手法を使って比較することです。

　例えば、バスケット分析に基づいて、酒顧客はおつまみを一緒に購入する傾向が高いと仮説を立てている場合は、同じくバスケット分析を行って今回もおつまみを一緒に購入する傾向が高いことを確認します。対策前と対策後のバスケット分析の結果を比較して、傾向が類似している、もしくは傾向が強くなっている場合、仮説は正しかったと考えて良いでしょう。

　なお、データ分析に基づく対策で売場・販促がレベルアップしているため、全く同じ結果になることはほとんどありません。しかし、対策前と比較した"微妙な変化"は、さらに売場を強化していくポイントになることが多いため、きっちり把握しておきましょう。先ほどの例にあてはめると、おつまみの中でもイカ珍味を一緒に購入する傾向が強くなっている場合、イカ珍味の品揃えや売場の強化を実行すれば、さらなる売上アップにつながる可能性があります。

仮説の立て直しと検証の繰り返しが重要

　検証を終えると、目標・仮説に対する結論が出たことになるため一段落します。しかし、ここで安心してはいけません。たとえ目標を達成していても、さらなる売上アップを目指して、仮説を立て直すことが大切です。検証で知り得た"微妙な変化"を参考にすれば、仮説の修正するべきポイントが考えやすいでしょう。また、ターゲットにした顧客の売上貢献度が本当は低かったと判明した場合は、違うターゲットに視点を向けることも必要です。このように、検証結果に基づいて新たな目標・仮説をつくることを忘れないようにしてください。

　本書では、仮説と検証のやり方をなるべくわかりやすい事例を紹介しながら説明してきましたが、他にも色々なやり方はあります。しかし、仮説と検証は繰り返すことが最も重要なため、"初心者でも仮説と検証の繰り返しができる"ことを最優先にした手法を紹介しました。検証を重ねるごとに仮説の質があがり、売上アップへ一歩一歩近づいていけますので是非チャレンジしてみてください。

エクセル操作ガイド(売上シミュレーションなど)

売上シミュレーションをつくる(その1)

1. 全顧客と特定顧客の商品分類別売上構成比をつくる

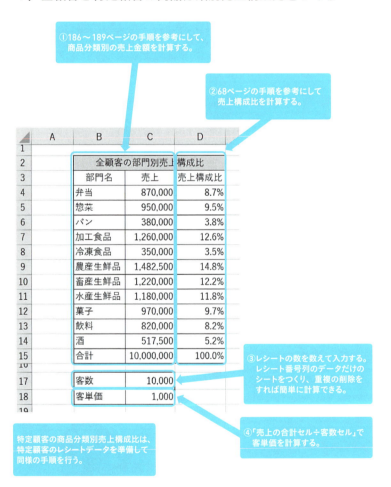

売上シミュレーションをつくる(その2)

2．売上シミュレーションをつくる

①次の数式を一番上に入力し、残りはコピーペーストする。
全顧客の売上セル＋特定顧客の売上セル×(増加数セル÷特定顧客の客数セル)

※増加数セルと特定顧客の客数セルは、
　選択後にF4を押して$マークをつける

	A	B	C	D	E	F	G	H	I	J	K
1	全顧客の部門別売上構成比				酒顧客の部門別売上構成比				売上シミュレーション		
2	部門名	売上	売上構成比		部門名	売上高	構成比		部門名	売上高	構成比
3	弁当	870,000	8.7%		弁当	123,000	8.2%		弁当	931,500	8.7%
4	惣菜	950,000	9.5%		惣菜	186,000	12.4%		惣菜	1,043,000	9.7%
5	パン	380,000	3.8%		パン	21,000	1.4%		パン	390,500	3.6%
6	加工食品	1,260,000	12.6%		加工食品	121,500	8.1%		加工食品	1,320,750	12.3%
7	冷凍食品	350,000	3.5%		冷凍食品	15,000	1.0%		冷凍食品	357,500	3.3%
8	農産生鮮品	1,482,500	14.8%		農産生鮮品	114,000	7.6%		農産生鮮品	1,539,500	14.3%
9	畜産生鮮品	1,220,000	12.2%		畜産生鮮品	94,500	6.3%		畜産生鮮品	1,267,250	11.8%
10	水産生鮮品	1,180,000	11.8%		水産生鮮品	91,500	6.1%		水産生鮮品	1,225,750	11.4%
11	菓子	970,000	9.7%		菓子	144,000	9.6%		菓子	1,042,000	9.7%
12	飲料	820,000	8.2%		飲料	72,000	4.8%		飲料	856,000	8.0%
13	酒	517,500	5.2%		酒	517,500	34.5%		酒	776,250	7.2%
14	合計	10,000,000	100.0%		合計	1,500,000	100.0%		合計	10,750,000	100.0%
15											
16	客数	10,000			客数	1,000			酒顧客増加数	500	
17	客単価	1,000			客単価	1,500			客数	10,500	
18									客単価	1,024	

②それぞれ、次の数式を入力する。
客数は「全顧客の客数セル＋増加数セル」
客単価は「売上の合計セル÷客数セル」

③第4章68ページ
「売上構成比を計算するエクセル操作」を参考にして
売上構成比の数式を入力しておく。

売上シミュレーションをつくる(その3)

3．実績の検証フォーマットをつくる

①実績データを「1．全顧客と特定顧客の商品分類別売上構成比をつくる」と同じ手順で全て入力する場所。
そのため、フォーマットを作成した時は空白にしておく。

部門名	売上高	構成比	成長率	達成率
		実績		
弁当	950,130	8.6%	109.2%	102%
惣菜	1,147,300	10.4%	120.8%	110%
パン	402,215	3.7%	105.8%	103%
加工食品	1,320,750	12.0%	104.8%	100%
冷凍食品	375,375	3.4%	107.3%	105%
農産生鮮品	1,554,895	14.1%	104.9%	101%
畜産生鮮品	1,292,595	11.7%	106.0%	102%
水産生鮮品	1,225,750	11.1%	103.9%	100%
菓子	1,125,360	10.2%	116.0%	108%
飲料	873,120	7.9%	106.5%	102%
酒	737,438	6.7%	142.5%	95%
合計	11,004,928	100.0%	110.0%	102%

酒顧客増加数	300
客数	10,400
客単価	1,058

②成長率は、次の数式を一番上に入力して、
残りはコピー&ペーストする。
「実績の売上セル÷全顧客の売上セル」

※書式はパーセント表示にする

③達成率は、次の数式を一番上に入力して、
残りはコピー&ペーストする。
「実績の売上セル÷売上趣味レーションの売上セル」

※書式はパーセント表示にする

売上シミュレーションをつくる(その4)

4．ターゲット顧客の売上貢献度を調べる

①客数比率は、次の式で計算する。
「特定顧客の客数÷全顧客の客数」

※書式はパーセント表示にする

	A	B	C	D
1	顧客の検証			
2	対策前		対策後	成長率
3	客数	1000	1300	130%
4	客数比率	10%	13%	125%
5	売上	1,500,000	2,080,000	139%
6	売上構成比	15%	19%	126%
7	客単価	1,500	1,600	107%

②売上構成比は、次の式で計算する。
「特定顧客の売上合計÷全売上」

※特定顧客の売上合計は、特定顧客のレシートデータに絞り込んだ後、売上を合計(集計)すれば求められる
※書式はパーセント表示にする

③成長率は、次の数式を一番上に入力して、残りはコピーペーストする。
「対策前の数値セル÷対策後の数値セル」

※書式はパーセント表示にする

アクセスを併用できると便利

　本書では、エクセルを活用したデータ分析について説明していますが、Microsoft社が提供しているアクセス（Access）もデータ分析で役立つたいへん便利なソフトです。

　アクセスはデータベース管理ソフトですが、データ加工の作業でかなり重宝します。アクセスの機能について詳しく説明すると膨大なスペースが必要なため割愛しますが、1月から12月までの商品分類別売上を集計して1つの表にするなど、複数のデータファイルからそれぞれ必要な項目だけを選択して1つのファイルにまとめる作業を一瞬で終わらせることができます。しかし、エクセルで同じことをしようと思うと、残念ながら、ちょっと面倒な作業になってしまいます。

　ただ、アクセスを使うためには、データベースの基礎知識やエクセルとは全く異なる操作方法に慣れなくてはいけません。そういう意味では誰もが使える手軽さはありません。また、アクセスだけで全てのデータ分析がスムーズに処理できるわけでもありません。アクセスはデータ加工で強みを発揮するのです。一方、エクセルは細かい加工作業をしたり、表を整えたり、グラフを作ったりする時に便利で優れていると思います。

　最初はエクセルで基本を覚えて、余裕が出てきたらアクセスにチャレンジしてみると良いでしょう。エクセルとアクセスを併用できるようになるとデータ分析の作業時間がグッと縮まるのでオススメです。

おわりに

　近年、「人工知能」「機械学習」「ビッグデータ」などのキーワードが飛び交うようになり、様々な業界においてビジネスモデルの革新が起こりつつあります。このような時代の流れを受けて、"データ分析"に対する注目度も高まっています。スーパーマーケットなどの小売業界は、ビッグデータ活用という点においては"ＰＯＳデータ分析"で成功した業界として評価されることもありますが、将来のさらなる発展に向けた"次の一手"を模索している段階にあると筆者は感じています。

ライフスタイルや嗜好の多様化に対応できるかが鍵

　本書がバスケット分析や顧客分析というワンランク上の分析手法まで紹介している理由は、このような変化に対応するためには、これらの分析を通して"顧客の購買傾向"をつかむことが、これからのお店のデータ分析において必要不可欠だと感じたからです。

　これらの分析手法は、商品別に集計したＰＯＳデータではなく、ボリュームが大きいレシートデータを分析していくため手間がかかりますが、レシートデータに注目しているお店が少ない現在（2016年5月）なら、ライバル店が把握していない貴重な情報を得られることと思います。そして、来店してくださる大切な顧客に喜んでもらえるお店をつくるためにも、ぜひとも本書のデータ分析手法を活用して頂ければと思います。

操作解説をエクセルに限定した理由

　少し話は変わりますが、「はじめに」で筆者が執筆で心掛けたこととして、「すぐに実践してもらえる」と「分析結果が出る作業プロセスまで、できるかぎり丁寧に説明をする」の２つを挙げています。

　本書では、誰もが安心してデータ分析に取り組めるようにエクセルを使った手法で説明していますが、実は企画段階では多忙な人でも「すぐに実践してもらえる」ことをとても重要視していたため、エクセルとアクセスを併用したサンプルを入れるつもりでいました。

　その理由はもちろん、アクセスを使えば作業時間がグッと短縮できると考えていたからです。しかし、アクセスを使える人は多くありません。アクセスを紹介すると、難しい内容になってしまうと判断してエクセルに限定した経緯があります。

エクセルのほうがアクセスよりも速く処理できることもある

　しかし、エクセルに限定したからといって企画段階で掲載予定だったデータ分析の手法は１つもカットしていません。すべてエクセルだけで作業できるように、分析手法の手順や、やり方を見直しています。見直しをして驚いたのは、今までアクセスで処理していた作業の中には、エクセルで処理しても作業時間がほとんど変わらず、むしろ早く処理できるケースがあったことです。

　例えば、エクセルのピボットテーブル機能を使った集計処理は、アク

セスで集計するよりも簡単で速く処理できると実感しています。恥ずかしながら筆者の頭の中に、データ分析において、アクセスはエクセルよりも優れているという思い込みがあったために、今までそのことに気づきませんでした。

　執筆の機会をいただいたおかげで、新たな発見ができたことに感謝しております。

データ分析を通して思い込みを払しょくできる

　このような裏話をする理由は、実は"思い込み"が邪魔をして新しい発見を得るチャンスを逃すケースが多いことをお伝えしたかったからです。データ分析という仕事は、この"思い込み"をなくすことが大切なポイントになってくると筆者は痛感しています。

　自分が当たり前だと思っていることが、実は全くの見当違いだったというケースは意外に多く、データ分析で客観的な事実を把握するまで明確な結論は導き出せないのです。

　本書を読み終えて「何からデータ分析をするべきか？」と悩んでいる方は、ご自身が当たり前だと思っている"商品の売れ方や顧客の購買傾向"が、事実であることを確かめる分析をしてみるのも一案です。当たり前だと思い込んでいたにも関わらず、予想とは異なる結果が出てきた時、そこに新たな発見があるかもしれません。

　最後に、本書が皆さまのお店で売上アップや利益アップに少しでも貢献できることを切に願っております。

また、前著の『自分でパパッとできる事業計画書』に引き続き、本書の編集を担当してくださった翔泳社の昆清徳様には厚く御礼申し上げます。

索引

数字・アルファベット

2:8の法則	77
ABC売上分析	76, 98
ABC数量分析	85
ABC利益分析	82
ID-POS	138
JANコード	23, 34
POSデータ	22
VLOOKUP関数	121

あ行

アクセス(Access)	212
粗利額	82
売上	54
売上貢献度	205
売上構成比	57, 68
売上構成比表	157
売上シミュレーション	202, 208
売場スペース生産性分析	134
エクセル	18
オートSUM関数	66

か行

基準商品	110
季節指数	60, 70
客数	54
客数分布表	144
客単価	54, 67
グラフ化	59
グルーピング	42, 46, 116
クロスABC分析	86, 101
月次POSデータ	22
検証	200, 204
購買パターン分析	160, 164
購買率	109
購買金額	148, 176
顧客分析	136

さ行

仕入れ価格の交渉	53
指数表示	34
集計	50
週次POSデータ	22, 92

INDEX

商品ニーズ分析	164
商品分類	38, 154
商品マスタ	35
数値データ	34
成長率	64, 73
全顧客	138
前年対比	64, 72
前年比較分析	64

た行

陳列数量の調整	53
データ整備	34, 44
データ分析	18
テキストデータ	34
特定顧客	136
特売チラシ	198
トレンド分析	94

な行

日次POSデータ	22

は行

バスケット分析	108, 118, 154
パレート図	77
販売価格分析	92, 102
販売数量	52
ピボットテーブル	131
フィルター	45
平均売上金額	61
平均購入点数	55, 67
併買商品	108
併買部門別売上構成比表	157, 186
併買率	109

ま行

儲け	83
目標数値	204

や行

曜日・時間帯別客数分布表	144, 170

ら行

利益金額	82
利益商品	82
利益率	82
リフト値	109, 125
レシートデータ	23, 108, 114

本書内容に関するお問い合わせについて

このたびは翔泳社の書籍をお買い上げいただき、誠にありがとうございます。弊社では、読者の皆様からのお問い合わせに適切に対応させていただくため、以下のガイドラインへのご協力をお願い致しております。下記項目をお読みいただき、手順に従ってお問い合わせください。

ご質問される前に

弊社Webサイトの「正誤表」をご参照ください。これまでに判明した正誤や追加情報を掲載しています。

　　　　　　正誤表　http://www.shoeisha.co.jp/book/errata/

ご質問方法

弊社Webサイトの「刊行物Q＆A」をご利用ください。

　　　　　　刊行物Q＆A　http://www.shoeisha.co.jp/book/qa/

インターネットをご利用でない場合は、FAXまたは郵便にて、下記"翔泳社愛読者サービスセンター"までお問い合わせください。電話でのご質問は、お受けしておりません。

郵便物送付先およびFAX番号

　　　　送付先住所　〒160-0006　東京都新宿区舟町5
　　　　FAX番号　　03-5362-3818
　　　　宛先　　　　（株）翔泳社　愛読者サービスセンター

回答について

回答は、ご質問いただいた手段によってご返事申し上げます。ご質問の内容によっては、回答に数日ないしはそれ以上の期間を要する場合があります。

ご質問に際してのご注意

本書の対象を越えるもの、記述箇所を特定されないもの、また読者固有の環境に起因するご質問等にはお答えできませんので、予めご了承ください。

※ 本書に記載されている情報は、2016年5月執筆時点のものです。
※ 本書に記載された商品やサービスの内容や価格、URL等は変更される場合があります。
※ 本書の出版にあたっては正確な記述につとめましたが、著者や出版社などのいずれも、本書の内容に対してなんらかの保証をするものではなく、内容やサンプルに基づくいかなる運用結果に関してもいっさいの責任を負いません。
※ 本書に掲載されているサンプルプログラムやスクリプト、および実行結果を記した画面イメージなどは、特定の設定に基づいた環境にて再現される一例です。
※ 本書に記載されている会社名、製品名はそれぞれ各社の商標および登録商標です。

石井真人
（いしいまさと）

データサイエンティスト。昭和52年生まれ、京都出身。
ワインバイヤー、株式公開コンサルタントを経て、事業計画書作成を代行するファクストリを設立。著書に『自分でパパッとできる事業計画書』(翔泳社刊)などがある。現在は、人工知能、機械学習、画像認識技術、日本語解析などのITを活用したコンサルティングとソリューションを小売業に提供するABCA（アブカ）プロジェクトのメンバーとして活動している。

STAFF

カバー／本文デザイン ……… 菅野綾子
カバー／本文イラスト ……… タニグチコウイチ
本文DTP ……………………… 上田英治
編集 …………………………… 昆清徳（株式会社翔泳社）

店長・エリアマネージャーが知っておきたい
売上がUP（アップ）するPOS（ポス）データの使い方

2016年6月13日　初版第1刷発行

©2016　Masato Ishii
著者 ……………………………… 石井真人
発行人 …………………………… 佐々木幹夫
発行所 …………………………… 株式会社翔泳社(http://www.shoeisha.co.jp/)
印刷・製本 ……………………… 株式会社シナノ

　　　※ 本書へのお問い合わせについては前ページに記載の内容をお読みください。
　　　※ 落丁・乱丁はお取り替えいたします。03-5362-3705までご連絡ください。
　　　※ 本書は著作権法上の保護を受けています。本書の一部または全部について、株式会社翔泳社から文書による許諾を得ずに、いかなる方法においても無断で複写、複製することは禁じられています。

ISBN 978-4-7981-4579-2　Printed in Japan